爱是一切的答案

[墨西哥] 堂·米格尔·路易兹（Don Miguel Ruiz）　[墨西哥] 珍妮特·米尔斯（Janet Mills）著　刘勇军 译

相信爱，大胆爱

THE MASTERY OF LOVE

The Mastery of Love, Copyright © 1999 by Miguel Angel Ruiz, M.D. and Janet Mills.
Original English language publication by Amber-Allen Publishing, Inc., San Rafael, CA 94903 U.S.A.
Chinese Simplified Characters translation Copyright © 2024 by China South Booky Culture Media Co., Ltd. All rights reserved.
This edition arranged with Amber-Allen Publishing through BIG APPLE AGENCY, INC., LABUAN, MALAYSIA.

© 中南博集天卷文化传媒有限公司。本书版权受法律保护。未经权利人许可,任何人不得以任何方式使用本书包括正文、插图、封面、版式等任何部分内容,违者将受到法律制裁。

著作权合同登记号:字 18-2024-145

图书在版编目(CIP)数据

爱是一切的答案 /(墨西哥)堂·米格尔·路易兹(Don Miguel Ruiz),(墨西哥)珍妮特·米尔斯(Janet Mills)著;刘勇军译. -- 长沙:湖南文艺出版社,2024.7
书名原文:The Mastery of Love: A Practical Guide to the Art of Relationship
ISBN 978-7-5726-1854-3

Ⅰ. ①爱… Ⅱ. ①堂… ②珍… ③刘… Ⅲ. ①人生哲学-通俗读物 Ⅳ. ① B821-49

中国国家版本馆 CIP 数据核字(2024)第 096921 号

上架建议:畅销·心理励志

AI SHI YIQIE DE DA'AN
爱是一切的答案

著　　者:[墨西哥]堂·米格尔·路易兹(Don Miguel Ruiz)　[墨西哥]珍妮特·米尔斯(Janet Mills)
译　　者:刘勇军
出 版 人:陈新文
责任编辑:吕苗莉
监　　制:邢越超
特约策划:李齐章
特约编辑:王珩瑾
营销支持:周　茜　李美怡
版权支持:王媛媛
封面设计:利　锐
内文排版:百朗文化
出　　版:湖南文艺出版社
　　　　　(长沙市雨花区东二环一段 508 号　邮编:410014)
网　　址:www.hnwy.net
印　　刷:三河市兴博印务有限公司
经　　销:新华书店
开　　本:775 mm × 1120 mm　1/32
字　　数:80 千字
印　　张:7.25
版　　次:2024 年 7 月第 1 版
印　　次:2024 年 7 月第 1 次印刷
书　　号:ISBN 978-7-5726-1854-3
定　　价:45.00 元

若有质量问题,请致电质量监督电话:010-59096394
团购电话:010-59320018

献给我的父母、孩子、兄弟姐妹

和其他的家人，

将我们连接在一起的不仅有爱，

还有相同的血缘和祖先。

献给我精神上的家人，

将我们连接在一起的是我们共同的决定。

我们决定用无条件的爱，

相互尊重，

以及对爱的秘诀的践行，

来组建家庭。

献给人类大家庭，
你们的心灵提供了肥沃的土壤，
这本书中所包含的爱的种子
才能得以生根发芽。
愿这些爱的种子在你们的生活中，
茁壮成长。

致 谢

我要感谢珍妮特·米尔斯,她像母亲一样,用自己全部的爱和奉献使这本书得以问世。

我还要感谢为这本书的出版付出时间和爱的人们。

目 录
Contents

托尔特克　1

引言　大师　5

第一章
受伤的心灵　001

第二章
失去纯真　021

第三章
不相信爱情的人　041

第四章
爱的轨道，恐惧的轨道　053

第五章
完美的关系　071

第六章

你并不缺少爱　091

第七章

掌控自己的梦境　105

第八章

大脑需要，还是身体需要　119

第九章

狩猎女神：找回自我的故事　133

第十章

用爱的视角看待世界　145

第十一章

治愈情绪：关于真相与谎言　161

第十二章

内心的奇迹：获得真爱　181

心灵祈祷　199

作者简介　207

评论推荐　211

托尔特克

数千年前,生活在墨西哥南部的托尔特克人被称为"有知识的民族"。人类学家口中的"托尔特克"是一个国家或是一个民族,但其实"托尔特克"是由一群科学家和艺术家组成的社会,他们探索并保留了古代人的精神智慧和实践经验。在墨西哥城外被称为"凡人成神之地"的金字塔古城特奥蒂瓦坎,教师(纳古尔[1])和学生群聚而居。

---

1 Nagual,这是对精通巫术之人的称呼。——译者

千百年来，迫于欧洲征服者的入侵，以及少数学徒对个人权力的滥用，纳古尔被迫隐藏祖先的智慧，默默无闻地暗中保留。

所幸的是，托尔特克的深奥智慧在一代代不同世系纳古尔的努力下传承了下来。尽管数百年来它一直未曾面世，但古老的预言预示着新时代即将到来，古代智慧将重现于世人面前。现在，堂·米格尔·路易兹，这位来自"雄鹰骑士"一脉的纳古尔，受指引与我们分享托尔特克的智慧遗产。

与世界各地所有的神圣传统一样，托尔特克的知识也起源于真理的本质统一。它不是宗教，但会引领人们崇敬世界上所有诲人不倦的精神导师。虽然托尔特克的知识专注于精神世界，但准确来说它算是一种生活方式，其特质就在于它能帮助你获得幸福和爱。

托尔特克人是爱的艺术家，

精神的艺术家，

他们每时每刻都在创造

最美的艺术——

梦的艺术。

人生只不过是一场梦，

假如我们是艺术家，

我们就能用爱编织自己的人生，

而我们的梦，

也将变成一部艺术杰作。

引言

大师

很久以前,有位大师正对着一群人演讲。他的演讲寓意深刻,在场的每个人都被他爱的话语打动。有个人认真地聆听着大师讲的每句话,他非常谦卑,而且心地十分善良。大师的话深深地触动了他,因此他想邀请大师去他家中。

大师演讲结束后，这个人穿过人群来到大师面前，他注视着大师的双眼说："我知道您非常忙，人人都渴望您的关注。我也知道您没有时间听我说话。但我非常坦诚，充满了对您的爱戴之情，因此我想请您到我家来，让我为您准备丰盛的饭菜。我不期望您会接受我的邀请，我只是想让您知道我的心意。"

大师凝视着他的眼睛，露出最美的笑容，说道："去准备吧，我会去的。"大师说完便走了。

听到大师的回答，这个人开心极了。他迫不及待地想款待大师，向他表达自己的爱戴之情。这将是他一生中最重要的一天，大师会和他一起度过。他买来最好的食物和美酒，找到最好的衣服，想要作为礼物送给大师。然后，他赶回家中做好了迎接大师的一切准备：他打扫了整个房子，做好了美味佳肴，餐桌布置得让人赏心悦目。想到大师就要来了，他满心欢喜。

正当他焦急地等待时，听到有人敲门。他满怀期待地打开门，却发现外面站着的不是大师，而是一位老妇人。她看着他的眼睛说："我好饿，可以给我一片面包吗？"

见来者不是大师，这个人感到有点失望。他望着老妇人说："请进。"他让她坐在为大师准备的座位上，并把为大师准备的食物给了她。但他很着急，恨不得老妇人赶紧吃完。他的慷慨让老妇人非常感动，而老妇人在谢过他后便走了。

就在他刚刚为大师再次布置好餐桌时，又听到有人敲门。这次是一个刚刚穿过沙漠的陌生人。陌生人看着他的脸说："我很渴，可以给我一些喝的吗？"

看到来的还不是大师，这个人再次感到有点失望。

他把陌生人请进家，让对方坐到大师的位置上，把为大师准备的酒递给对方。陌生人走后，这个人重新为大师布置好了一切。

这时，又有人敲门了。他打开门，发现门外有一个孩子。孩子抬头看着他说："我好冷，可以给我一条毯子取暖吗？"

这个人不免又有些失望，因为这次仍然不是大师，但他注视着孩子的眼睛，心里满怀爱意。他立即拿来为大师准备的衣服，穿在孩子身上。孩子谢过他后便走了。

这个人再次做好了迎接大师的准备，一直等到很晚。当他意识到大师不会来了，他非常失望，不过很快便原谅了大师。他想："我知道不应该奢望大师会来到我这简陋的家中，尽管他说过要来，但肯定有更重要的事情让他去了其他地方。大师虽然没来，但至少说过要来，这就足以让我感到幸福了。"

他慢慢地收起饭菜和酒，便上床睡觉了。那天晚上，他梦到大师来到他家。见到大师他非常开心，却不知道自己是在梦中。"大师您来了，您真的来了。"他说。

大师回答道："是的，我来了。不过，我前面就已经来过了。我饿了，你给我吃的；我渴了，你给我美酒；我冷了，你给我衣物。你为他人做的一切，就是为我做的。"

这个人醒了，内心感到无比幸福，他明白了大师的教诲。正因为大师非常爱他，才会派来三个人向他传授最重要的一课：大师在于每个人的心中。当你给饥饿的人食物、给口渴的人清水、给寒冷的人衣服时，就是在向大师表达自己的爱。

第一章

受伤的心灵

也许你从未想过，但在某种程度上我们每个人都是大师，因为我们有能力创造并主宰自己的生活。

正如世界各地的社会和宗教团体创造了不可思议的神话一样，我们创造了自己的神话。我们个人的神话中也有英雄与恶棍、天使与魔鬼，还有国王与平民。我们在自己的脑海中创造出各式各样的人，包括我们自己的多重人格。然后，我们会对自己出现在特定场合的形象进行控制，成了扮演和展示自己形象的艺术家，无论我们认为自己是什么，我们都在控制自己。在遇到其他人时，我们会马上对他们进行分类，安排他们在我们生活中扮演某个角色。我们根据自己的看法创造出别人在我们心目中的形象，对身边的每个人和每件事物都做着同样的事情。

你拥有创造的能力，而且这种能力非常强大，因此你相信的任何事情都会成真。你怎样看待自己，你就会成为怎样的人。你所有的真实情况，你相信的所有事情，都是你创造的。你和世界上的其他人拥有同样的力量。你们之间的主要区别就在于你如何运用自己的方式进行创造，以及创造出的结果。你可能和别人有许多相似之处，但没有人的生活方式和你一样。

你一生都在实践成为自己，而且卓有成效，你掌控着你所认知的自己。你控制着自己的性格、信仰，以及自己的每一个行动和反应。年复一年，你不断地练习，在成为你所认为的自己方面已经非常精通。一旦我们明白每个人都是大师，我们就会知道自己是何等的熟练。

在孩童时期，一旦我们和别人有了矛盾就会变得愤怒。无论起因如何，愤怒都能解决问题，使我们得到自己想要的结果。当同样的事情发生时，我们再次愤怒地加以回应。然后，我们明白了愤怒可以解决问题。于是我们反复实践，直到我们熟练掌握了愤怒这种情绪。

我们以同样的方式掌握了嫉妒、悲伤和自我排斥。我们的所有剧情和痛苦都是通过练习习得的。我们跟自己和解，直到变得驾轻就熟。我们的所思所想、所作所为都变成例行公事，因此我们无须再去留意自己正在做的事情。只要做出行动和反应，我们就能按照特定方式为人处世。

想要成为爱的大师，我们就要去练习爱。恋爱关系的艺术也同样需要全面掌握，而想要掌握则唯有勤于练习。因此，要掌握一段关系，关键在于行动，而不是了解某些概念或掌握某些知识。它与行动有关。当然，我们要有所行动，就要具备某些知识，至少要对人类的运行方式稍微有点认知。

请想象一下，你生活在一个人人都患有某种皮肤病的星球上。在长达两三千年的时间里，这个星球上的人们都患有同一种疾病：全身布满了具有传染性的伤口，一旦被碰触，伤口就会非常疼痛。当然，人们相信这是皮肤的正常生理机能，甚至医学书上也将这种疾病描述为正常情况。人们在刚出生时拥有健康的皮肤，但大约过了三四年后，伤口便开始出现。等到十几岁时，他们已经遍体鳞伤。

你能想象出人们会如何对待彼此吗？为了和别人相处，人们不得不保护自己的伤口。他们几乎从不触碰别人的皮肤，因为那样太疼了。如果你不小心碰了别人的皮肤，疼痛会让对方立刻变得愤怒，为了报复，他也会触碰你的皮肤。尽管如此，爱的本能依然非常强烈，你付出了高昂的代价和他人建立了关系。

然后，想象一下，某天奇迹发生了。醒来后，你发现自己的皮肤痊愈了，上面不再有伤口，碰的时候也不疼了。能够触碰的健康肌肤摸上去真是太美妙了，因为皮肤就是用来感受的。你能想象在一个人人都患有某种皮肤病的世界里，自己却拥有健康的皮肤吗？你不能碰别人，因为那会使他们疼痛，也没有人会碰你，因为他们认为你也会感到疼痛。

如果能想象得到这些,你就能理解来自其他星球的来访者在和人类相处时也会有类似的感受。但伤痕累累的并非我们的皮肤。来访者将发现人类得了一种叫作恐惧的心理疾病。如同被感染的皮肤一样,我们的情绪体遍布伤口,这些伤口都受到了情绪毒药的感染。恐惧的症状表现为愤怒、仇恨、悲伤、嫉妒和伪善,它产生了所有使人类感到痛苦的情绪。

所有人类的精神都得了同一种病。我们甚至可以说这个世界就是一所精神病院。但这种精神上的疾病在地球上已经存在了上千年,医学、精神病学和心理学方面的书籍都说这种病很正常。但我可以告诉你,它们认为正常的疾病并不正常。

当人们内心的恐惧太强烈时,理性头脑就会开始停止工作,不能再承受所有毒药引起的伤痛。在心理学书上，我们把这种现象称为精神疾病。我们说人们得了精神分裂症、妄想症或者精神错乱。然而，这些疾病都是在理性头脑感到非常恐惧时才产生的，它们造成的伤口又是如此疼痛，因此不和外界进行联系就成了更好的选择。

人类生活在对受伤的持续恐惧之中，无论我们在哪儿，这种恐惧都会引发极富戏剧性的场面。在情感上，人类互相之间的相处方式令人无比痛苦，使得我们莫名其妙地感到生气、羡慕、嫉妒和悲伤，就连说句"我爱你"都会令人害怕。然而，即使情感交流让人痛苦和恐惧，我们仍然一往直前，与他人建立恋爱关系，结婚生子。

人类害怕受到伤害，为了保护情感上的伤痛，他们在头脑中发明了一套非常复杂的东西：庞大的否认系统。在这个系统中我们成了高明的骗子。我们非常老练,不仅自我欺骗,甚至相信自己的谎言。我们意识不到自己在撒谎,即便有时候感到自己在撒谎,我们也会找到借口说:谎言可以让我们免受伤口之痛。

否认系统像一层雾一样遮蔽了我们的双眼,使我们看不到真相。人人都戴着一副社会面具,因为看到真实的自我,或者让别人看到真实的我们,都太让人痛苦了。否认系统还会让我们自以为周围的人会按照我们希望的那样看待我们。我们为了把别人挡在外面,建起了这些保护的壁垒,但我们也被围困其中,自由受到了限制。人类自我掩饰、自我保护。如果有人说"你把我惹毛了",那不是真的。真实的情况是你碰到了他内心的伤口,疼痛使他做出反击。

当意识到身边的每个人都会因为情感毒药的感染

出现情伤时，你就很容易理解被托尔特克人称为地狱之梦的人类关系了。在托尔特克人看来，我们所知道的关于自己和世界的一切都是一场梦。如果我们用做梦的方式去看待宗教中任何关于地狱的描述，就会发现地狱和人类社会一样。地狱中充满了痛苦、恐惧、战争、暴力、审判和非正义，还有不断的惩罚。而在捕食者的丛林之中，人和人彼此对抗。人间充满了评判、指责、内疚，还有情感毒药——嫉妒、愤怒、仇恨、悲伤和痛苦。我们在心中创造出这些小小的恶魔，因为我们学会了在自己的生活中虚构地狱。

我们每个人为自己创造了个人梦想，而我们之前的人类创造了一个宏大的外部梦想，是关于人类社会的梦想。这个外部梦想，或者说我们这个世界的梦想是几十亿人的集体梦想。这个宏大的梦想涵盖了所有的社会规则，包括法律、宗教、不同的文化和生存方式。所有这些信息储存在我们头脑当中，如同有成千上万个声音在同时对我们说话，托尔特克人称之为"米陶特"[1]。

真我即真爱，我们就是生命。真实的我们与宏大的梦想无关，但"米陶特"使我们看不到真实的自己。当你从这个角度去看待集体梦想，并且能够意识到自己是谁时，你将发现人类的行为非常荒谬，令人发笑。对别人来说极其严肃的事情对你来说不过是一幕喜剧。你会看到让人类感到痛苦的东西并不重要，甚至并不真实，但我们别无选择。我们生长于这个社会，我们学会了和其他人一样，总是做着不可理喻的事情，毫

---

1 西班牙文 mitote，意为喧闹。——译者

无意义地攀比。

设想你可以前往某个星球，那里的人们有着不同的情感思维，彼此相处时总是那么开心，充满了爱与和平。想象一下某天你在现世醒来，发现自己的情感身体没有了伤痛。你不再害怕做自己。不管别人对你有何看法，也不管他们做什么，你都不会认为那是在针对你，你不再为之感到痛苦，你不再需要保护自己。你不害怕爱与分享，也不怕敞开心扉。但没有人和你一样。你该怎样和那些有情感创伤、心怀恐惧的人相处呢？

一个人出生时，他的情感身体完全健康。可能在三四岁时，他的情感身体出现了第一道伤口，受到了情感毒药的感染。但如果你去观察两三岁的孩子，目睹他们的行为方式，你会发现他们整天都在玩，他们整天都在笑,他们的想象力极其丰富,梦对他们来说是探险之旅。在遇到问题后,他们做出反击保护自己,但接着他们就释然了,再次将注意力转向当下,开始玩了起来,开始又一次的冒险,并且玩得非常开心。他们活在当下,他们不为过去羞耻,也不为将来担忧。孩子会大胆地表达自己的感受,不怕去爱。

我们生命中最快乐的时刻就是像孩子一样玩耍的时候。我们唱歌、跳舞,我们探险和创造,只是为了好玩。我们表现得像孩子的时候,感觉真是太棒了,因为这是人类的正常思维和自然倾向。小时候,我们天真纯洁,表达爱是自然而然的事情。可现在我们怎么了?这个世界又怎么了?

我们遇到的问题是在我们还小的时候大人就已经有了精神疾病,而且还具有高度的传染性。他们是怎样将疾病传染给我们的？他们会吸引我们的注意力，然后教我们变得像他们一样。我们就是这样把精神疾病传染给了自己的孩子，我们的父母、老师、兄弟姐妹，以及整个病态社会也是这样把精神疾病传染给我们的。他们吸引我们注意，反复把信息灌输进我们的头脑当中。我们通过这种方式学习，也通过这种方式为人类的头脑进行编程。

问题就是我们储存在头脑中的这些程序和信息。通过吸引孩子的注意，我们教会他们语言，让他们学会读书、为人处世和做梦。人类像驯养狗或其他动物一样，通过惩罚和奖赏驯化同类，这是再正常不过的做法。我们所谓的教育不过是对人类的驯化而已。

我们害怕被惩罚，但后来我们又害怕得不到奖赏，害怕对父母、兄弟姐妹或者老师来说我们不够好，于是，我们有了被接纳的需要。而在那之前，我们根本不在乎别人是否接纳我们。他们的看法并不重要，因为我们只想玩乐，我们活在当下。

害怕得不到奖励变成了害怕被拒绝。害怕对别人来说自己不够好使得我们试图改变自己，从而为自己制造了某种形象。然后，我们试图按照别人的期望来展示自己的形象，仅仅是为了获得接纳和奖励。我们学会伪装成不是自己的样子，练习成为别人，仅仅是为了取悦父母、老师、宗教团体，或者其他什么人。我们不断地练习，学会了如何成为别人。

很快，我们便忘了真实的自己，开始活在自己的形象里。我们并非只塑造一种形象，而是根据交往的不同人群塑造许多不同的形象。我们在家是一个形象，在学校又是另一种样子，等到长大我们会塑造更多的形象。

　　单纯的男女关系也同样如此。女人想要展示给别人一种外在形象，而当她独处时，却是另一副模样。男人也有外在形象和内在形象。当他们成人后，内在形象与外在形象会变得截然不同，非常陌生。一段男女关系之中至少有四种形象。他们怎么能真正地认识彼此呢？显然做不到这一点。他们只能尝试理解对方的形象。然而，还有更多的形象需要考虑。

　　当男人遇到女人后，他会从自己的角度为女人塑造一种形象，女人也会从她的角度为男人塑造一种形象。然后，他会试图让对方符合自己为其塑造的形象，而她也会努力使他符合自己为他塑造的形象。这样他们之间就有了六种形象。当然，他们在对彼此说谎，甚至对此毫无意识。他们之间的关系建立在恐惧和谎言之上,而非建立在真相之上,因为他们无法看透遮住眼睛的那层迷雾。

在我们还是小孩子的时候,我们与自己伪装的形象之间没有冲突。直到我们开始和外界接触,没有了父母的保护,我们的形象才真正地遇到了挑战。这就是为什么青少年时期人会感到特别困难。即使我们做好了支持和捍卫我们形象的准备,但一旦我们试图向外部世界展示自己的形象,世界就会对我们进行回击。外界不仅会在私底下,而且会公开向我们证明我们不是自己假装的那样。

让我们以一个假装非常聪明的少年为例。他在学校与人进行辩论,但是对方更聪明,而且准备得更充分,使他在人们面前出了丑。他会试图向同伴做出解释,为自己找借口,以此来维护自己的形象。他会向别人示好，努力挽救自己的形象，但他知道自己在说谎。当然，他会尽力不在同伴面前垮掉，但当他独处时，看着镜子中的自己，他会砸烂镜子。他恨自己，感到自己是如此愚蠢、一无是处。他的内在形象和他想要展示给外界的形象之间有着巨大的差异。差异越大，他就越难适应社会梦想，对自己的爱也就越少。

他伪装的形象与他独处时的内在形象之间充满了谎言。两种形象都脱离于现实，都不真实，而他看不到这一点。也许别人会看清这一点，但他自己却完全视而不见。他的否认系统试图保护他的伤口。可是，这些伤口是真实的，正是因为他如此努力地维护自己的形象，伤口才如此令人疼痛。

在孩提时代，我们意识到别人的观点很重要，我们根据这些观点决定自己的生活。"你看上去很丑，你很愚蠢"，别人这样简单的一个看法就会使我们坠入地狱的深渊，而这些看法甚至都不是真的。对身处地狱的人们来说，别人的意见对他们那些不可理喻的行为有着巨大的影响力。这就是为什么我们需要听到别人说我们很优秀、表现出众、长相漂亮，我们问别人："我看起来怎么样？我说得怎么样？我做得怎么样？"

我们需要听到别人的看法，因为我们已经被驯化，我们受这些看法的控制。这就是为什么我们会从别人那里寻求认可，为什么我们需要别人的情感支持，需要通过其他人被外部梦想接纳。这也是为什么青少年会饮酒、吸毒或者抽烟。所有这些都是为了让那些有看法的人接纳我们，为了让别人认为我们"好极了"。

有那么多的人因为试图展示给外界的虚假形象而痛苦。他们一边假装自己至关重要，而另一边又认为自己一无是处。我们为了成为社会梦想中的重要人物，为了得到别人的认可和赞赏而如此卖力。我们想方设法地成为大人物和赢家，获得权势和金钱，努力表达自己的个人梦想，把自己的梦想强加到周围人的身上。为什么会这样？因为我们相信社会梦想是真实的，我们郑重其事地对待它。

第二章

失去纯真

人类天生敏感。我们通过情绪体来感知万物，因此我们非常脆弱。情绪体就像无线电，可以调频，接收某些特定的频率。在被驯化之前，我们的额定频率就是探索和享受生活，接收爱的频道。小时候的我们不懂得爱的抽象概念，只是用心去爱，我们天生如此。

情绪体有一个警报系统，在我们遇到麻烦时会发出警告。其实，我们的肉体也有这样的机制，肉体的警报系统会在身体出现毛病时发出警告，换言之，我们会感到疼痛。这说明我们的身体出了故障，需要我们照顾和处理。而情绪体的警报系统就是恐惧。在遇到麻烦时我们会感到害怕，我们很可能会有性命之忧。

我们通过情绪体而非双眼来感知情绪。孩子只会感受情绪，不会解释，也不会问自己为什么有这样的情绪。这就是为什么孩子会接纳某些人而拒绝另外一些人。如果他们觉得一个人不可靠，就不会和那个人亲近，因为他们能够感受到对方的情绪。孩子很容易就能觉察到别人在生气，警报系统让他们产生了害怕的感觉，这是在告诉他们"不要靠近"。而他们也会顺从自己的本能，躲得远远的。

家庭的情绪能量和个人反应决定了每个人有多么脆弱。同一个家庭中的孩子会有不同的反应，因为他们自我保护和适应环境的方式各不相同。如果父母一直争吵，不再和睦相处、尊重彼此，而且还互相欺骗，我们就会变得像他们一样情绪化。即使他们告诉我们不要像他们那样、不要撒谎,但父母和整个家庭的情绪能量也会深深地影响我们,使我们用同样的方式去感知世界。

家庭的情绪能量把我们的情绪体调到了和家人一样的频率。于是,情绪体开始变换频道,偏离人类的正常频率。我们玩起了成人的游戏,加入到社会竞争当中,然后会落入一败涂地的境地。我们失去了纯真、自由、快乐和爱的秉性。我们进入了另一个世界,开始面对不同的现实。面对没有公正只有情绪创伤和情绪毒素的现实,我们不得不做出改变。欢迎来到这座人造的地狱,加入所谓的现世梦境,它正迎接我们的到来。不过,这座地狱的营造者并非我们,它早在我们出生之前就已经存在了。

只要观察孩子,你就能发现爱和自由是如何被毁掉的。试想一个这样的场景：一个两三岁的孩子正在公园里奔跑，玩得不亦乐乎；他的妈妈在一旁照看，生怕他摔倒、受伤。终于，她决定让他停下来，可孩子以为妈妈在和他逗着玩，跑得更欢了。附近的街上车水马龙，妈妈感到更加害怕，她最终还是抓住了他。孩子以为她会和自己玩，可她却"啪"的一下打在他的屁股上，孩子很吃惊。孩子的爱从他的内心流淌而出，快乐正是他表达爱的方式，他不明白妈妈为什么打他。慢慢地，这种打击使他的爱慢慢减少了。孩子听不懂大人的话，但即便如此，他还是要问："为什么？"

奔跑和玩耍都是在表达爱，如果父母在这种时候惩罚孩子，他就感到不再安心。父母把孩子关进房间，不让他做他想做的事情，还说他是个坏孩子。这就是在惩罚孩子，他会感到非常沮丧。

这样的赏罚体系中固然有公正和合理之处，但是也存在不公正、不合理的地方。不公平的感觉像匕首，在心灵上割开了一道伤口。伤口是否会感染情绪毒素将视我们的反应而定。为什么有的伤口会感染？让我们来看另外一个例子。

假设你是个两三岁的孩子，很快乐，这会儿，你正在玩耍、探索。不懂得是非对错，也不知道什么该做、什么不该做，因为你还未被驯化。你在客厅里玩着手边的东西，你没有恶意，也不打算捣乱，你玩起了爸爸的吉他。对你来说，那就是个玩具，你根本没打算惹爸爸生气。可那天爸爸正好不顺心，他的生意出了点问题。他走进客厅，发现你在玩他的东西便立刻勃然大怒，一把抓住你，打了你的屁股。

在你看来这很不公平。父亲刚回来就怒气冲冲地打了你。要知道他可是你完全信赖的人,作为爸爸,他总是保护你,允许你自由自在地玩耍、做你自己。可现在,他身上的某些东西让你一时难以适应。不公平的感觉像道伤口刻在了你的心中。你变得敏感,感到很受伤。你哭了起来,不仅仅是因为挨打。让你难过的不是身体受到了攻击,而是情感上的伤害让你感到不公平,你什么都没做。

不公平的感觉在内心留下了伤疤。你的情绪体受伤了,就在那一刻,你失去了一点纯真。你意识到自己不能永远相信父亲。即使你的大脑还没意识到这一点,因为你还不会分析,但你很明白自己再也不能信任爸爸了。情绪体告诉你,有些人你不能指望,有些事情以后还会发生。

你可能会害怕、生气、害羞,或者哭泣。但这些反应本身就是情绪毒素，因为被驯化之前，爸爸打了你，你就会打回去。可是，你的回击，哪怕只是想抬起手，都让父亲变得更加生气，他更加严厉地惩罚了你。现在，你知道他不是跟你闹着玩的。你感到害怕，不会再自我保护，因为这样只会让事情变得更糟。

你仍然不明就里，但你知道父亲甚至可能会伤害你，你的内心留下了严重的伤口。在此之前，你的心灵非常健康，天真无邪。而在此之后，你的理性思维会试图发挥作用，开始用自己的方式做出回应。你沉浸在情绪之中不能自拔，生活方式也随之改变。以后，你会更加频繁地经历这类事情。你会受到父母、兄弟姐妹、亲戚、学校、社会，所有人的不公正对待。每次感到害怕都让你学会自我保护，但不同于驯化之前。那时，你在自我保护之后还能继续玩耍。

现在，你的伤口感染了情绪毒素。起初，这并不是什么大问题。但随着毒素的日积月累，头脑开始处理它们。我们开始担心未来，毒素造成的伤害令我们记忆犹新，我们不希望重蹈覆辙。我们也记得自己曾经被接纳，父母对我们很好，家庭和睦。我们希望一家人能够再次和睦相处，但我们不知道自己能做些什么。又因为我们总是生活在自我完美的泡影之中，所以我们觉得周围的事情似乎皆因自己而起。我们认为父母是因为我们才争吵的，即使争吵的内容与我们毫不相干。

我们逐渐失去了纯真。我们开始怨恨，不再宽容。随着时间的流逝，冲突以及和他人的互动使我们不再能够坦然地做自己。当然，因为每个人的智力和受教育程度不同，其严重程度会有所不同，受很多因素的影响。如果你很幸运，对你的驯化就不会非常严厉。反之，对你的驯化就会非常严厉，给你造成很深的创伤，你甚至都不愿提起。你会说："哦，真是太羞耻了。"羞耻是害怕表达自己。也许，你认为自己不会唱歌跳舞，但事实上你只是压抑了表达爱的正常本能。

人类用恐惧驯化彼此，每体验一次不公平，我们的恐惧就会增加一分。不公平感是把利刃，在我们的情绪体上割开一道道伤口。如果我们认为自己受到了不公平的对待，我们的反应就会导致情绪毒素的滋生。有些创伤可以痊愈，而有些伤口则一次次地被更多的毒素所感染。一旦心中充满了情绪毒素，我们就需要把毒素释放给别人。如何做到这一点？通过吸引别人的注意。

让我们以一对普通夫妻为例。妻子生气了，丈夫的某些不合理行为让她积攒了大量的情绪毒素。丈夫不在家的时候她也依然记恨在心，情绪毒素在她的内心不断累积。丈夫回到家后，她想做的第一件事就是引起他的注意，只要引起他的注意，她的毒素就可以传染给他，而她则会如释重负。只要告诉丈夫他有多么差劲、愚蠢或者不公正，毒素就会转移到他那里。

她不停地唠叨，直到引起丈夫的注意。他终于有了反应，大发雷霆，她却感觉好多了。可是，现在毒素进入了丈夫的内心，他必须还回去。他要引起她的注意，释放毒素，但不只她原来的那些，还要加上他自己的毒素。观察这种互动，你就会发现他们在彼此碰触伤口，你来我往地传递情绪毒素。毒素不停滋长，直到他们中的一个忍无可忍，大发雷霆。人们常常这样和别人相处。

引起别人的注意，便可将能量传递给对方，因为人类的注意力十分强大。一直以来，人人都试图引起别人的注意。吸引别人的注意，我们就可以搭建沟通渠道，借机传递社会意识和能量，以及情绪毒素。

通常，我们会把毒素释放给对我们不公平的人，但如果对方太强大，我们无法把毒素传给他时，我们也会毫不在乎地把毒素传给别人。我们传给毫无抵抗力的小孩子，虐待关系由此诞生。有权有势的人欺负无权无势的人，因为他们需要释放情绪毒素。人人都需要释放毒素，有时候我们甚至不要公平，只要传递毒素，以求获得平静。因此，人们总是在谋求权力，权力越大，就越容易将毒素释放给无力自卫的人。

当然，我们谈论的是人类世界扭曲的人际关系、他们精神上的疾病。没有人应该为此受到指责，精神疾病无所谓好坏，也无所谓对错，人们的表现不过是正常的病状罢了。没有人会因为虐待别人而内疚。正如我们想象中的那个星球上的人不会因为皮肤病内疚一样，毒素感染伤口你也不会内疚。如果身体生了病或者受了伤，我们不会自责、内疚。那为什么要因为情绪体生病而愧疚呢？

关键的问题是我们要意识到自己身处困境。这样，情绪体和感性思维才有机会被治愈，这样我们才会不再痛苦。如果意识不到，我们将无能为力，只能在与他人的互动中不断感受痛苦。不仅如此，我们在和自我互动时也会感到痛苦，因为我们会惩罚自己，会去碰触自己的创伤。

我们会在头脑中制造出一个总在评判的自我。这位"法官"总在评价我们的所作所为、所思所想，甚至包括我们没做的事情和没有的感受。基于我们的认知，以及正义感和非正义感，我们时刻都在评价自己和遇到的每个人。当然，我们会裁定自己有罪，应该被惩罚。我们头脑中接受这种评价、需要被惩罚的另一个自我就是"受害者"。他说："我真可怜！我不够好，不够强壮，也不够聪明，努力有什么用？"

孩提时代，你无法选择自己的价值观。"法官"和"受害者"所基于的那些错误的观念，并不是你选择的。当别人给你灌输这些信息时，纯真的你什么都相信。社会把这些想法像程序一样植入你的大脑，托尔特克人将其称为"寄生虫"。人的大脑之所以会生病，正是因为寄生虫偷食了大脑的能量,剥夺了它的快乐。寄生虫就是那些让你受苦的观念,它们非常强大,即使在多年后你有了新的观念,想要自己做决定时,你会发现自己依然为它们所控。

有时候,你内心的那个小孩会冒出来,那是还停留在两三岁时候的真正的你。你会活在当下,自得其乐,但有些东西又将你拽了回来,因为你感到自己不配这么快乐。内心有个声音告诉你,这样的快乐不可能是真的,你不应该陶醉其中。内疚、自责,情绪体的所有情绪毒素都不断地将你拉回到内心的冲突当中。

"寄生虫"像传染病一样由祖父母传给父母,又由父母传给我们,然后再由我们传给孩子。我们用训练狗的方式把这些程序植入孩子内心。人类是被驯化的动物,正是驯化把我们带入了地狱之梦,使我们生活在恐惧之中。寄生虫以恐惧引起的情绪为食。在感染寄生虫之前，我们享受生活，玩耍，像孩子一样快乐。但自从这些垃圾进入我们的大脑后，我们就再也感受不到快乐了。我们学着去做正确的事情，然后证明别人都是错的。我们需要"正确"，是因为我们试图在外人面前维护自己的形象。我们不仅要把自己的思维模式强加给别人，甚至还要强加给自己。

一旦有了这样的意识，我们就很容易理解为什么我们处理不好和父母、子女、朋友、伴侣，甚至和自我的关系。为什么我们处理不好和自己的关系？因为我们有创伤，很难处理所有的情绪毒素。而我们的内心之所以充满毒素，是因为我们生活在既不真实也不存在的完美形象之中。而且，我们在脑海中认为这并不公平。

我们已经明白，为了取悦别人我们是如何塑造完美形象的，哪怕他们的梦想与我们无关。我们试图取悦父母、老师、牧师、自己的宗教和上帝。但事实上，在他们看来我们永远都不可能完美。完美的形象告诉我们，为了认可自我、接纳自我，我们应该成为什么样的人。可你知道吗？这是我们所相信的关于自己的最大谎言，因为我们永远都不会完美。而我们没有办法原谅不完美的自己。

完美的形象改变了我们做梦的方式。我们学会了否定和拒绝自我。头脑中的信念让我们认为自己永远都不够好、不够正确、不够干净、不够健康。总有些事情是我们内心的"法官"永远不能原谅的。因此，我们拒绝宽恕自己，认为自己不配得到快乐，我们总在寻找虐待和惩罚我们的人。因为信奉完美形象的存在，我们虐待自我的时候可谓得心应手。

当我们否定自己、评判自己、感觉内疚，并且严厉地自我惩罚时，似乎世间根本没有爱，只有惩罚、痛苦和评判。地狱有很多层，有的人陷入了深渊，而有的人则几乎快要离开了，不过，他依然处于地狱之中。在这样的地狱中，有的人被严重虐待，有的人几乎没受到伤害。

你已经不再是个孩子，如果你待在虐待关系中，那是因为你接受别人对你的虐待，你认为自己罪有应得。你能接受的虐待是有限度的，但世上没有谁对你的虐待能更甚于你自己。你自我虐待的程度，恰恰就是你对他人虐待的容忍程度。如果别人对你的虐待超过了这个极限，你就会拒而远之；但如果别人对你的虐待程度稍轻一些，你就会承受更长的时间。

通常，对身处地狱中的人来说，虐待别人是为了补偿我们遇到的不公正对待，是为了获得公平。我用你需要的方式虐待你，而你用我需要的方式来虐待我。我们建立了良好的平衡，相处融洽。当然，能量总会吸引同类，引起共鸣。如果有人走到你面前说："哦，我受到了这样的虐待。"你问他："你为什么不离开？"他甚至不知道该如何回答。事实是他需要这样的虐待，这是他惩罚自我的方式。

生活会带给你想要的东西，地狱之中有着完全的公正，没有什么可抱怨的。我们甚至可以说痛苦是给我们的一份礼物。如果你睁开眼睛看看周围，就会发现那些正是你需要用来清理毒素、治愈伤口、接纳自己，然后离开地狱的东西。

第三章

不相信爱情的人

我要讲一个古老的故事，内容是关于一个不相信爱情的人。这是一个像你我一样的普通人，特别之处在于他与众不同的思维方式。他认为爱情并不存在。当然，在寻找爱情方面他有丰富的经验，还常常观察身边的人。他一生中的大部分时间都在寻找爱情，结果却发现爱情并不存在。

不管到哪里，这个人都会跟别人说：爱情不过是诗人的虚构，是宗教捏造出来，操纵人们软弱的意志、控制人们、令人们深信不疑的东西。他说爱情不是真的，这就是为什么总有人在寻找爱情，却从来没人找到。

他非常聪明，能言善辩，他博览群书，上的是最好的大学，成了一位受人尊敬的学者。他出席任何公共场合，面对各种人群时，逻辑都非常缜密。他说爱情就像毒品，让人兴奋，但也会让人产生依赖。你会对爱情上瘾，一旦得不到每天所需的爱情，后果将会如何？爱情就像一定剂量的毒品，需要每天服用。

他常说，大多数爱人之间是吸毒者和供毒者的关系。需求更大的一方是吸毒者，而较少的一方则是供毒者，后者控制着整个关系。这种相处方式随处可见，每一对关系中都有一个人爱得很深，而另一个则不爱对方，只是在利用付出真心的另一半。你会看到他们操纵彼此的方式，以及他们的行为和反应，就像供毒者和吸毒者一样。

吸毒者，也就是更需要爱情的一方，总是活在恐惧之中，担心以后得不到爱情，或者说毒品。吸毒者就会想："要是她离开我该怎么办？"恐惧使吸毒者的占有欲变得非常强烈，他（她）是我的！吸毒者变得爱嫉妒，难以满足，他们害怕对方不再爱自己。而供毒者会通过多给一点，或者少给一点，甚至完全不给来控制和操纵需要毒品的人。需要爱的一方会彻底屈服，为了不被对方抛弃愿意付出一切代价。

这个人继续向人们解释了为什么爱情不存在，他说："人们所谓的爱情，不过是建立在控制之上的恐惧罢了。何谈尊重？又何谈所谓的爱情？爱情根本不存在。年轻夫妇在代表上帝的神父、自己的家人和朋友面前向彼此许下虚假的诺言，说会永远厮守，彼此相爱，彼此尊重，同甘共苦。他们许下一个又一个的诺言，令人惊奇的是人们真的信以为真。但就在婚后一个星期、一个月或者几个月后，你会发现根本没有人信守承诺。

"你看到的将是对控制权的抢夺，看谁将操纵对方。谁会成为供应者，而谁又会成为吸毒者？几个月后，宣誓中要给予对方的尊重已荡然无存，只剩下了怨恨、情绪毒素和互相伤害。慢慢地，情况日益严重，直到爱意无存，而他们却还不自知。他们之所以还在一起是因为他们害怕孤独，害怕别人说长道短，不仅如此，他们也害怕自己的评判和看法。但爱情去哪里了呢？"

这个人说，他见过很多在一起生活了三四十年，甚至五十年的夫妻，为自己经营了这么多年的婚姻而感到自豪，但在提到他们的关系时，却又说："我终于熬过来了。"这说明他们妥协了，决定委曲求全。意志最为坚定而需求较少的那个人赢得了这场战争，可是所谓的爱情之火在哪里呢？他们把对方看成自己的财产："她（他）是我的。"

这个人不断地提出他不相信爱情的理由，并告诉人们："我早就经历过这些，我不会再让任何人以爱的名义操纵我的思想，控制我的生活。"他的观点头头是道，他的话说服了很多人：爱情并不存在。

有一天，这个人走进一座公园，看到长椅上有位美丽的女士正在哭泣，他感到很好奇。于是，他坐到她旁边，问她为什么哭、是否需要帮助。当女士告诉他自己是因为不相信爱情而哭泣时，你可以想象他是多么惊讶。他说："真是不可思议，竟然有一个不相信爱情的女人！"他想更进一步了解她。

"你为什么不相信爱情?"他问道。

"说来话长,"她回答道,"我年轻的时候结过婚,怀着对爱情的幻想,满心希望能够与对方共度一生。我们发誓要忠于彼此、尊重彼此,并以对方为荣。我们组建了家庭。可是,很快事情就变了样。我成了在家照顾孩子的贤妻,我的丈夫则继续发展事业。比起我们的家庭,成功和在世人面前的形象对他越来越重要。他不再尊重我,而我也不再尊重他,我们互相伤害。直到有一天,我发现我不再爱他,而他也不再爱我。

"可孩子们需要父亲,这成了我维持现状、无条件支持他的借口。而现在,孩子们已经长大成人,远走他乡。我没有理由继续和他待在一起。我们之间没有尊重,也没有宽容。我知道,即使我遇到的是其他人,最后的结果也一样,因为爱情根本就不存在。找一件根本不存在的东西毫无意义,所以我才会哭。"

这个男人非常理解她,他拥抱了她,并说道:"你说得对,爱情根本就不存在。我们寻找爱情,敞开心扉,变得脆弱,结果却只发现人性的自私。即使我们不认为自己会受伤,但还是受到了打击。问题不在于我们遇到几个爱人,而在于同样的事情总是一再发生。为什么还要再去寻找爱情呢?"

他们志同道合,成了最好的朋友。他们的关系好极了,他们尊重彼此,从未贬低对方。两人在一起的时候,总是十分快乐。他们之间没有嫉妒、羡慕、控制,也没有占有。他们的关系越来越亲密,他们喜欢彼此的陪伴,感到生活有很多的乐趣,而不在一起时,他们又会想念对方。

有一天，男人出城了。他有了一个奇怪的念头。他想："嗯，也许我对她的感觉就是爱情，但和我以前的感觉不同，这不是诗人，也不是宗教所说的爱情，因为我不必对她负责，也没有从她那里拿走什么。我不需要她照顾我，也不会因为自己的困难而责怪她，我不需要把她带入自己的剧情当中。我们在一起度过了最美好的时光，我们彼此欣赏。我尊重她的想法和感受，她也不会让我难堪，完全不会让我感到烦恼。她和别人在一起的时候我也不会嫉妒，她获得成功时我也不会嫉妒。也许爱情是存在的，只是不像人们认为的那样。"

他迫不及待地想回家和她谈谈，把这个古怪的念头告诉她。轮到她开口时，她说道："我知道你在说什么。很久以前我也有了这样的想法，但我不想告诉你,因为我知道你不相信爱情。也许,爱情是存在的,只是不是我们以前认为的那样。"他们决定成为爱人生活在一起。不可思议的是,他们的关系没有发生任何变化。他们依旧彼此尊重、互相扶持,他们的爱与日俱增。即使最平常的事情也能让他们的心因爱而歌唱,因为他们太幸福了。

男人心中充满了深深的爱意。于是在一天晚上,一个伟大的奇迹发生了。他遥望星空,看到了最美丽的一颗星。他爱得那么深,那颗星竟然从天空降落,落到了他的手中。接着,第二个奇迹发生了,他的灵魂与星星融合在了一起。他感到极度的快乐,迫不及待地想找到女人,把星星放在她的手中,向她证明自己的爱。可当他把星星放到她手中时,她不禁感到一阵迟疑:这样的爱情让人难以承受。就在那一刻,星星从她的手中坠落，摔成了碎片。

如今，有一位游走于世界各地的老人，发誓说世界上并不存在爱情。还有一位美丽的老妇人在家中等待着一个男人，她整天以泪洗面，因为她曾经拥有一片天堂，却由于自己的一时迟疑失去了它。这就是不相信爱情的男人的故事。

这是谁的错？你要不要试着想想，看问题出在哪儿？问题就在于那个男人认为可以把自己的幸福交给女人。星星就是他的幸福，而他错误地将它放在了女人手中。幸福从来都不会来自外界。他感到幸福是因为爱流淌自他的内心，她感到幸福也同样是因为爱来自她自己。而一旦他让对方为自己的幸福负责，她便摔碎了星星，因为她无法为他的幸福负责。

无论这个女人有多么爱他，都不可能使他幸福，因为她永远也不知道他脑子里在想什么。她不知道他在期待什么,因为她不知道他的梦想。

如果你把自己的幸福交到别人手中,对方迟早都会将其打破。如果你将自己的幸福交给别人,幸福就会消失。如果幸福只能来自内心,是爱的结果,那么你就要对自己的幸福负责。我们永远都无法让任何人为我们的幸福负责。可如果我们去教堂结婚,我们做的第一件事就是交换戒指,这就如同我们把星星放到彼此手中,期待会让彼此幸福。不管你有多爱一个人,你永远都不会成为对方想让你成为的那个人。

这就是我们大多数人一开始就会犯的错。我们把幸福建立在伴侣身上,可事情并非如此。我们原本许下的就是无法遵守的诺言,注定我们要失信于人。

第四章

爱的轨道，恐惧的轨道

人生不过是场梦而已。你活在幻想当中，你认识的自己只对你本人而言是真实的。没有人了解真实的你，包括你的孩子和父母。想想你对自己的看法，再想想母亲对你的看法。她很了解你，可她并不知道你到底是怎样的一个人，你对此心知肚明。你也认为自己很了解母亲，但你同样不知道真实的她是什么样子。她从未分享过内心的幻想，你不知道她在想什么。

当你审视自己的生活，并试图回想起十一二岁时自己做了些什么时，你会发现能想起的事情都不到百分之五。当然，你记得一些最重要的事情，比如你的名字，因为一直以来你都在重复这些信息。但有时你会忘记孩子或朋友的名字，因为你的生活是由许多一直在变化的梦构成的，而梦容易消失，因此我们非常健忘。

每个人都有跟别人迥然不同的人生梦想。我们的信念决定了我们会做什么样的梦，我们的评判方式，以及别人对我们的伤害，都会让我们对自己的梦进行修饰。因此没有两个人会做完全一样的梦。我们可以假装自己和恋人一样，有一样的想法、感受和梦想，但事实上这是不可能的。不同的人有不同的梦想，每个人按自己的方式做梦。我们要接受人和人之间的差异，尊重别人的梦想。

我们可以同时拥有数不清的人际关系，但每段关系都只存在于两人之间。我和每个朋友都建立了关系，但它们都只存在于我和他们中的一个人之间。

我和我的每个孩子都建立了关系，且各不相同。所谓的关系是两个人共同的梦，他们按照自己做梦的方式，为这段关系树立了方向。我们拥有的每段关系，包括我们和父母、兄弟姐妹，以及和朋友的关系，都是独一无二的，那是我们一起构建的小小梦想。每段关系都是由两个做梦者共同孕育的。

就像身体由细胞组成一样，梦由情感组成。梦的情感来源主要有两类，一类是恐惧和恐惧引起的所有情绪，另一类是爱，以及爱所引发的各种情绪。我们同时在体验两类情绪，但普通人身上占主导地位的情绪是恐惧。可以说，世间百分之九十五的普通关系都是建立在恐惧之上的，仅有百分之五是建立在爱的基础之上。当然，不同的族群情况会有所不同，但哪怕只有百分之六十建立在恐惧之上、有百分之四十建立在爱之上,梦的基础也依然是恐惧。

为了更好地理解这些情绪,我们可以把与爱和恐惧有关的特点称为"爱的轨道"和"恐惧的轨道"。这两种轨道是我们用来观察生活的参照物,进行划分是为了让我们能够理解,并多少能够掌控自己的选择。让我们来看看爱和恐惧有哪些特点。

爱没有义务,而恐惧则全是义务。在恐惧的轨道上,无论我们做什么,都是因为我们不得不做,我们期望别人做一些事情,因为那是他们应该做的。当我们觉得有义务,不得不做某些事情时,我们就会心生抗拒。越是抗拒,我们就会越痛苦,最终,我们会想方设法逃避责任。相反,爱不会让人抗拒,我们做任何事情都是出于真心,那对我们来说是乐趣,像玩游戏一样，我们会乐在其中。

爱不会期待，而恐惧则总有期待。因为害怕，我们做的都是我们预期不得不做的事情，我们指望别人也会同样行事。这就是为什么恐惧会让人受伤，而爱不会。如果预期落空，我们就会受伤，感到不公平，责怪他人没有满足我们的期待。而当心中有爱时，我们就不再期待，我们付出是因为我们想要付出，别人付出与否，那是他们自己的事情，与我们无关。如果我们没有期待，当事情没有发生时，我们不会觉得有什么大不了。我们不会受伤，不管发生什么，我们都可以接受。因此，当我们沉浸在爱河时，几乎没有什么能够伤害到我们。我们并不期待恋人做些什么，不存在所谓的义务。

爱的基础是尊重，而恐惧不尊重任何事物，包括恐惧本身。如果我为你感到抱歉，那意味着我并不尊重你，因为你不能自己做选择。如果我不得不替你做选择，那我是不可能尊重你的，而如果我不尊重你的话，我就会想要控制你。大多数时候，我们告诉孩子要如何生活，那是因为我们不尊重他们，我们不忍心放开他们，总想要越俎代庖。当我不尊重自己时，我会为自己感到难过，觉得自己不够好，不可能获得成功。如何才能知道你没有尊重自己呢？当你说"我真可怜，不够强壮、不够聪明，也不够漂亮，我绝不可能成功"时，你就是在看轻自己。自艾自怜就是对自己的不尊重。

爱没有怜悯，它不同情任何人，但它有激情。恐惧则同情所有人。当你认为我不够强大、无法成功时，你就不会尊重我，而是会同情我。相反，爱懂得尊重。

我爱你,我知道你会成功,我认为你足够强大、聪明、优秀,你可以自己做主,不需要我来指手画脚,你完全可以胜任自己正在做的事情。如果你摔倒了,我会伸手帮你站起来。我会说:"你能行的,加油。"这就是激情,和同情不一样。激情来自尊重和爱,而同情则来自缺乏尊重和恐惧。

爱是全权负责,恐惧则是推脱责任,可这并不意味着人们可以真的不负责任。试图逃避责任是我们犯下的最愚蠢的错误,因为万事万物皆有因果。我们的起心动念、所作所为都会产生深远的影响。无论我们做不做选择,事情都会有结果。人总会自食其果。因此,每个人都要对自己的行为负责,即使你不想这样。别人可以为你的错误埋单,但你也得付出代价,而且要付出双倍的代价。当其他人试图替你解决问题时,只会制造出更大的麻烦。

爱总是很友善,恐惧却一向很不友善。因为恐惧,我们的内心充满了负担和期待,不尊重别人。我们逃避负责、觉得难过。我们饱受恐惧之苦,怎么可能感觉良好?我们愤怒、悲伤、嫉妒,觉得别人背叛了我们,这些都让我们苦不堪言。

愤怒、悲伤和嫉妒的情绪不过是戴着面具的恐惧罢了,它们皆由恐惧而起。有了这些让人痛苦的情绪,我们只能假装友善,而不是真正的友善,因为我们感到糟糕极了,一点也不开心。而走在爱的轨道上时,你没有负担,也没有期待。你不为自己或者伴侣感到难过。你感到事事如意,你的脸上总带着微笑。你快乐、友善,感觉很好。爱永远是友善的,善意使你变得慷慨,让你的人生畅通无阻。爱是慷慨的,而恐惧是自私的，它让人只关心自己。自私会让人处处碰壁。

爱是无条件的，而恐惧则处处都会附加条件。当我走在恐惧的轨道上时，除非你允许我控制你，除非你对我好、符合我心目中的形象，我才会爱你。我在内心为你设定了一个形象，因为你不符合，而且永远都不会符合我的想象，我就评判你，认定你有错。有很多次，我甚至因此而为你感到羞耻。你不符合我的想象，就是在让我难堪，在激怒我，我对你完全没有耐心。我的友善是假装出来的。而当我走的是爱的轨道时，就不再有"如果"，也不再有条件。我爱你，没有原因，也没有理由。我爱的就是你现在的样子，你可以随心所欲。如果我不喜欢你现在的样子，那我最好去找个样子招我喜欢的人。我们没有权力改变别人，别人也没有权力改变我们。如果我们打算改变，那是因为我们想要变化,我们不想再为之痛苦。

大多数人一生走的都是恐惧的轨道。他们与人交往是因为他们感到不得不如此,他们对伴侣和自己充满期待。所有的这些麻烦和痛苦,都是因为我们使用的是陈旧的交流方式。人们评价别人、充当受害者、对别人说三道四。他们和朋友说长道短,在酒吧里传播流言蜚语。他们使家庭成员互相仇恨。他们积攒情绪毒素,并把这些毒素传递给自己的孩子。"瞧瞧你爸对我做了些什么。你不要和他一样。所有男人都一个样儿,受伤的总是女人。"我们就是这样对待自己深爱的人,包括孩子、朋友和伴侣。

恐惧的轨道上有如此多的条件、期待和负担。我们制定许多规则,就是为了保护自己的情感不受伤害,可事实上我们根本不应该有任何规则。这些规则阻碍了人们之间的交流，因为害怕的时候人就会撒谎。如果你对我有期待，我就会感到有义务如你所愿。而事实上我并不是你希望的那样。如果我很诚实，表现出我本来的样子，就会伤害到你，让你生气。于是，我向你撒谎，因为我害怕你评价我。我害怕你会指责我，认定我有错，然后惩罚我。而且每次你想起的时候，都会因为同一个错误一而再，再而三地惩罚我。

爱的轨道上，没有不公平。如果你犯了错，你只需要为自己的错误付出一次代价，如果你真的爱自己的话，你会从中吸取教训。而恐惧的轨道则毫无公平可言，你要为同一个错误付出无数次代价。你也会因为伴侣或者朋友的某个错误无数次地惩罚他们。这让人感到不公平，从而引发情感创伤。因此，你注定会失败。每件事都会引发人们的胡思乱想，即使这些事情非常简单、微不足道。在身处地狱的人们之间，我们看到了他们的种种臆想，因为关系双方都处在恐惧的轨道上。

❦

每段关系中都存在着关系双方，一方是你，而另一方是你的儿子、女儿、父亲、母亲、朋友或伴侣。在这些关系中，你只需对自己负责，不必为另一方负责。不论你们有多么亲近，或者你爱得有多么强烈，你都不可能为对方的想法负责。你永远都体会不到他的感受，不知道他在想些什么，有些怎样的设想，你完全不了解这个人。基于这样的事实，我们该怎么办？我们试图为对方负责。于是，我们把关系建立在了恐惧、臆想和争夺控制权之上，这样的关系令人倍感煎熬。

我们相互控制，是因为我们不尊重彼此。事实上，我们并不爱对方。那是自私，不是爱。我们只是为了获得一点能让我们感觉良好的"毒品"而已。我们不尊重彼此，就会抢夺控制权，因为双方都认为自己应该为对方负责。因为我不尊重你，所以我必须控制你。我必须为你负责，发生在你身上的事情会让我难过，而我不想受伤。于是，看到你没有担起自己的职责时，我就会不停地数落你，想方设法地让你负责，承担起我所认为你应该承担的责任。这并不意味着我是对的。

沿着恐惧的轨道前进，这样的事情就会发生。如果我不尊重你，我就会表现得仿佛你不够好、不够聪明，不懂得什么对自己有利。我想当然地认为你不够强大，不能处理问题、照顾自己，因此我必须接管。我会说"让我来替你做吧"，或者"别那样做"。我试图在关系中压制你，掌控全局。可是，如果我控制了整个关系，那你在这段关系中又该扮演怎样的角色？这是行不通的。

我们可以和对方分享自己的感受，度过快乐的时光，一起创造最美好的梦想。但对方有自己的梦想和意愿，不管我们多么努力，都无法控制对方的梦想。因此，我们可以做出选择：是制造矛盾，相互控制，还是成为伙伴，表现出团队精神。伙伴之间会互相合作，而不是彼此敌对。

打网球的时候，你和同伴是一组，你们永远都不会与对方为敌。即使你们有不同的打法，但你们有共同的目标，那就是一起开心、一起打球、一起游戏。如果同伴想控制你，他说："不，不要那样打，要这样打；你这样不对。"那你是不会有任何乐趣的。最终，你再也不想和这个同伴打球了。他不是想和你打球，而是想控制你。没有团队观念，你们就会经常起争执。如果你把伴侣看作伙伴，把你们的爱情关系看作团队关系，一切将会有所改善。与人交往就像玩游戏，重要的并非输赢，而是获得乐趣。

爱的轨道上，付出多于索取。当然，你懂得自爱，不会让自私的人利用自己。你不会报复，但会明确地告诉对方："我不喜欢你利用我、不尊重我、对我不客气。我不希望有人在语言上、情感上和身体上伤害我。我不想听到你骂我。不是说我比你好，只是我喜欢美好的事物，喜欢笑，喜欢玩得开心，喜欢去爱。不是我自私，但我的身边不需要一个受害者。不是我不爱你，只是我无法为你的梦想负责。跟我交往，你的'寄生虫'是不会好受的，我根本不会回应你的这些负面情绪。"这不是自私,这是自爱。自私、控制和恐惧几乎会破坏所有的关系,而慷慨、自由和爱则会建立起最美好的关系,也就是持久的爱情。

想要掌握一段关系,方法全在你自己。首先,你要意识到每个人都在做自己的梦。一旦明白了这一点,你就可以做到对关系的一方,也就是你自己负责。你只需承担一半的责任,因此你能够轻松应对。如果我们尊重彼此,我们就会知道我们的伴侣、朋友、儿子、母亲完全可以为他们自己负责。如果我们尊重对方,关系中就会充满和平,没有战争。

其次,你要知道什么是爱、什么是恐惧,这样你就会意识到自己是如何向别人传达自己的梦想的。和别人交流的效果取决于你每时每刻所做的决定:你把情绪体调到了爱的频道,还是恐惧的频道。如果你发现自己正处于恐惧的轨道,只要意识到了,你就可以把注意力转到爱的轨道上来。只要看清楚你所在的轨道,转换你的注意力,生活就会焕然一新。

最后,你要意识到没有人能让你幸福,幸福来自你内心的爱,这就是托尔特克人最大的秘诀——爱的秘诀。

我们可以谈论爱,写无数本与爱有关的书。但对每个人来说,爱是完全不同的,因为爱需要体验。爱不是概念,爱需要行动。爱的行动只会产生幸福,而恐惧的行动只会带来痛苦。

掌握爱的唯一途径是练习。你不需要为自己的爱辩护或者解释,只需要去实践自己的爱。练习成就伟大。

第五章

完美的关系

假设你正处于一段完美的恋爱关系当中,你感到极度幸福,这是因为你遇到了对的人。这时,你会怎样描述你们的生活?

可以说,你们的关系就像你跟狗的关系一样。狗就是狗,无论你做什么,它都不会改变。你也不打算把狗换成猫或者马,狗就是狗。

接受这一点对于你同他人的关系至关重要。你无法改变别人,除非爱他们本来的样子,否则你就不是真的爱他们。除非接受他们本来的面目,否则你就不是真的接纳对方。试图改变他们,好让他们符合你心目中的形象，就如同把狗换成猫，或者把猫换成马一样没有意义，这就是事实。他们是他们，而你是你，谁都无法改变。想不想跳舞，你都要对自己坦诚，说出自己需要，看自己是否愿意跳舞。你必须认识到这一点，这非常重要。如果你认识到了，你就会看到别人的真实面目，而不是只看到你想看到的那一面。

要是你有一只狗或者一只猫的话，就想想你和它们之间的关系。让我们以你和狗的关系为例。狗懂得如何跟你建立完美的关系。如果它犯了错，你会怎么对待它？狗不担心你怎么对待它，它只知道爱你。它对你没有预期，这不是很棒吗？但是你的女朋友、男朋友、丈夫或者妻子呢？他们总是有很多的预期，而且他们的想法总在变。

狗在你们的关系中承担了它该承担的那部分责

任——狗的责任，是完全正常的。你回到家，它气喘吁吁地摇尾巴，冲着你汪汪叫，它见到你非常开心。它做得很好，你知道它是只完美的狗。同时，你承担起自己的责任，喂它食物、照顾它、和它玩，无条件地爱它，愿意为它做任何事。你们很好地完成了各自分内的事。

想象自己和狗之间的这种关系，对大多数人来说很容易。但让他们想象自己和异性之间有这种关系，他们却做不到，这是为何？你认识的人有谁是不完美的吗？狗就是狗，这对你来说不是问题。你不需要为狗负责，才能让它成为一只狗。它也不会试图让你做一个优秀的人、一个好主人。那为什么我们不能让伴侣做自己，我们就爱他们本来的样子，不需要他们做出改变呢？

也许你会想:"如果我遇到的不是对的人,那该怎么办?"这个问题的确非常重要。当然,你必须找到适合你的人。但什么样的人才算适合你呢?就是那个和你志同道合,无论在情感上、身体上、经济上还是精神上,都和你契合的人。

怎样才能知道伴侣是否合适?假设你是一位男士,一位女士会选择你。如果有一百位女士在寻找伴侣,她们每个人都认为你很合适,那么对于她们当中的哪些人来说你是那个对的人呢?答案是,你不知道。这就是为什么你要去探索和冒险。不过,我可以告诉你,适合你的人就是那个你爱她本来的样子、完全不需要她改变的女人。她就是你命中注定的那一个。如果你能找到这样一个人,而你也是她的天选之人,那么你就太幸运了。

如果她爱你本来的模样，不想改变你，那你就是她的真命天子。她不需要对你负责，她相信你就是那个你所声称、所展示出来的人。而她也会对你坦诚相见，展现真实的一面，她在你面前不会以虚假面目示人，不会让你今后觉得看错了人。爱你的人，爱的是你本来的模样。如果有人想改变你，那意味着你不是她想要的人，那她又何必跟你在一起？

你知道，爱狗很容易，因为它不会对你有什么看法。狗会无条件地爱你，这点很重要。如果伴侣爱你本来的样子，就像狗爱你一样，那么即使跟她在一起，你也仍然可以做自己，不需要成为别人，这就好比狗和你在一起的时候，也可以做它自己。

你遇到一个女人，刚打完招呼她就开始滔滔不绝地谈起自己，迫不及待地和你分享她的梦想。她无意识地向你敞开心扉。了解她对你来说非常容易。你不需要自我欺骗，你很清楚自己会面对怎样一个人，你要么接受，要么不接受，但你不能怪对方如她所是。如果你想要的是狗，那为什么要去找只猫来？而如果你想要的是猫，又为什么要去找马或者鸡呢？

你知道自己想要的是什么样的伴侣吗？你想要的是能让你心花怒放、和你志同道合、爱你如你所是的人。那何必见异思迁？为什么不去找自己想要的人？为什么妄图让一个人符合不属于她的形象？不是说你不爱她，而是说你要做出选择，决定要不要和她在一起，因为你也要爱自己。只要做出选择，就要对自己的选择负责。如果结果证明你错了，也无须自责，你只需要另做他选。

假设你有只狗，但其实你喜欢猫。你希望狗能表现得像猫一样，但因为它不会发出猫的叫声，你就想方设法地改变它。看看你对狗做了什么！找只猫做你的宠物吧！只有这样才是建立良好关系的唯一途径。首先，你要知道自己想要什么、有多想要、何时想要。你必须准确地知道自己身体和精神上的需要，知道什么最适合你。

世上有无数的男男女女，他们各不相同。有些人适合你，而有些人跟你根本合不来。你可以爱任何人，但考虑到每天都要面对同一个人，你要找到和你最契合的人。那个人不需要和你一模一样，只要跟你像钥匙和锁一样匹配便足矣。

你不仅要对自己诚实，对其他人也要诚实。你要展现真实的自己，不要伪装。就好比在一个市场上，你要兜售自己，同时也打算去买别人。要想买，你就得看看别人的品质如何。而为了出售，你就需要向别人展示自己。重点不是和别人进行比较，而是做真正的自己。

如果见到了心仪的对象，那为什么不去冒险追求？而如果你见到的人非你所要，可你又打算跟对方在一起，那就不要到处抱怨，说"我的恋人对我不好"，你明明很清楚对方是什么样的人。不要自我欺骗，去想象一个根本不存在的人。这就是给你的启示。如果知道自己想要什么，你会发现你们的关系就像你跟狗的关系一样，甚至更好。

看清楚自己面对的是什么，不要视而不见，也不要假装看到了不存在的事物。不要为了不需要的人否认自己亲眼所见的真实。如果买了不需要的东西，那它最终会变成垃圾，在恋爱关系中亦是如此。当然，只有假以时日，我们才能从中吸取教训，但这毕竟是一个好的开始，其余的事情也会变得容易，因为你可以坦然地做自己了。

也许你已经在一段恋爱中投入了不少时间。如果你选择继续，你仍然会有一个新的开始，只要你接受并且爱伴侣真实的样子。不过，你需要先退一步，你必须先接受真实的自我，爱自己本来的样子。唯有如此，你才能真正地做自己、表达自己。你就是你，没有丝毫的遮掩。你不需要假装成别人。否则，你注定会失败。

接受真实的自我，还要接受自己的伴侣。决定和一个人在一起，就不要试图改变对方。就像对待宠物一样，让伴侣做自己，这是伴侣的权利和自由。限制伴侣的自由，就是在限制自己的自由，因为你要去监督伴侣的所作所为。如果你真的爱自己,你是不会放弃个人自由的。

你能看到关系中的各种可能性吗?去探索各种可能,做自己,找到与自己相配的人。要冒险,也要诚实。如果行得通,那就继续。如果行不通,就帮大家一个忙,离开。要放手,不要自私,给对方机会,让对方找到其真正想要的人,这也是在给自己机会。当事情行不通的时候,最好换个角度看待问题。如果你不能爱伴侣原本的模样,也许其他人可以。不要浪费自己的时间,也不要浪费对方的时间,这是尊重。

如果你是供毒者,伴侣是吸毒者,而你不想要这样的关系,那么也许跟其他人在一起你会更幸福。但如果决定维持这段关系,那就竭尽全力,你终将获得回报。如果能够爱伴侣如其所是,向其敞开心扉,那么爱会让你上到天堂。

如果你有只猫，却想要只狗，怎么办？你可以借此开始练习。为了有一个新的开始，你必须和过去切断联系，一切从头再来。你不必留恋过去，人人都会改变，而且可能会变得更好。新的开始可以让你放下和伴侣之间曾经发生的一切。放手吧，那些无非是你们过于重视自我而发生的一些误会，是有人受伤后试图报复的结果。无论过去发生了什么，都不值得你浪费自己获得快乐的机会。鼓起勇气，要么为现在的关系付出百分之百的努力，要么就彻底放手。放手过去，以更高层次的爱开启每一天。你的热情将得以维持，而你的爱也会比以往更多。

当然，还要看看美好时刻和糟糕时刻分别意味着什么。如果糟糕时刻意味着有人在精神上，甚至在身体上受到虐待，那这段关系就不应该持续。如果只是失业、工作上出了岔子，或者出了车祸，那情况就会有所不同。如果糟糕时刻来自恐惧、缺乏尊重、羞辱和仇恨，那我不知道一对伴侣的关系能维持多久。

和自己的狗相处也会有不开心的时候。可能是因为一次事故，也可能是因为你工作不顺利，或者其他什么事情。你回到家中，狗对你汪汪叫，冲你摇尾巴，引起你的注意。你不想跟它玩，可它还是跑来迎接你。狗不会因为你不想玩而感到难过，因为它不认为你在针对它。一旦发现你不想玩，它就会自个儿去玩。它不会待在那里，非要等你高兴起来。

有时候，比起想让你高兴的伴侣，你感到从狗那里能得到更多的支持。当你没有心情，想独自待一会儿的时候，不是在针对谁，也不关伴侣的事。也许你遇到了问题,想要安静一会儿,但你的沉默让伴侣浮想联翩,伴侣会想:"我做错了什么?都是因为我。"事实上,这和伴侣毫无关系,也不针对任何人。让你单独待一会儿,问题就会烟消云散,你会再次喜笑颜开。

这就是为什么钥匙和锁匹配,一旦有一个人心情不好,遇到情绪危机,你们的契合能够让彼此保持自我,你们之间就会是另一番情景,一切都会非常美好。

人和人的关系是门艺术。两个人的梦要比一个人的梦更难驾驭。为了让双方都开心,你必须做好自己分内的事。你要担负起自己的责任。你的内心肯定会有一些情绪垃圾,但那些是你的问题,应该由你而不是伴侣来处理。如果伴侣试图清理你内心的垃圾,一定会碰壁。我们一定不要插手别人不想让我们插手的事情。

对你的伴侣来说，情况也同样如此，她内心也会有垃圾。当她有不良情绪时，要让她自己来处理。用你的爱来接纳她和她内心的垃圾，尊重她的问题。你和她相爱不是为了替她处理问题，她要自己解决。

即使伴侣向你求助，你也可以选择说不。拒绝并不意味着你不爱，或者不接受对方，只是因为你不能，也不想掺和这些事情。举例来说，当伴侣生气的时候，你可以说："你有权生气，但我没必要也一起生气。不是我惹你生气的。"你完全不必承受伴侣的怒火，但你要允许对方生气。不要争执，就让对方做自己，在没有干扰的情况下自我疗愈。你也要接受对方不干预你的疗愈过程。

假设你是一位男性，而且心情愉快。但是，因为某种原因，你的伴侣很不开心。她有自己的问题，她在处理这些负面情绪，她不快乐。出于对她的爱，你会支持她，但支持并不意味着你要跟她一起不开心，这根本不是支持。如果她不开心，你就不开心，你们就会一起沉沦。如果你依然开心，你就能让她也高兴起来。

同样，如果她在你消沉的时候依然高兴，她的高兴就是对你的支持。为了自己，你要允许她开心，不要试图带走她的快乐。无论工作中遇到什么问题，都不要回到家向她发泄你的负面情绪。保持安静，让对方知道你不是在针对她，你只是在处理自己的问题。你可以说："接着开心，接着玩吧，等到能跟你一起开心的时候我就会来陪你。现在，我需要自己待一会儿。"

如果你懂得人的内心为什么会受伤，你就会理解为什么爱情总是那么困难。那是因为情绪体有了创伤和毒素，它生病了。如果我们意识不到自己或者伴侣生病了，我们就会变得自私。伤口让人痛苦，哪怕面对自己的爱人，我们也不得不保护自己的创伤。但如果我们能够意识到这是一种病，我们就会和伴侣达成新的默契。在意识到伴侣有情感创伤时，出于对她的爱，我们绝不会去碰她的伤口，也不会逼她去治疗，我们也不希望对方逼我们。

冒险，承担责任，和伴侣达成新的默契，不是你在书上看到的那种默契，而是适合你们的默契。如果某种默契不适合你们，那就再换一种。用你的想象力探索新的可能，在尊重和爱的基础上建立新的默契。

以尊重和爱为基础进行交流，是你们的爱保持活力、关系永不令人厌倦的关键。你要学会表达，说出自己的需要。相信自己，相信伴侣。

✿

和伴侣分享你的爱、你的浪漫和你对她的理解，而不是你的负面情绪。你们的目标是让彼此越来越开心，因此你们需要更多的爱。正如狗是完美的狗一样，你是完美的，你的伴侣也是完美的。如果用爱和尊重来对待伴侣，那受益的将会是谁呢？不是别人，正是你自己。

疗愈自己，你就会开心。如果能治愈自己，你就可以无所畏惧，也无所求地开始一段关系。但要记住，你只能治愈自己。如果在一段恋情中，你和伴侣能够处理各自的问题，你们的进展将会有目共睹。爱让人幸福，臣服于爱，一切皆有可能。终有一天，你们在一起的时候不会感到愧疚，也没有责备、愤怒和悲伤。那时，一切都会非常美好，你们对彼此完全真诚，只想和对方分享，为对方服务，献出自己的爱。

一旦决定成为情侣，你们就要为自己所爱、所选择的人服务，你们要献上自己的爱，成为彼此的仆人。每一次接吻，每一次抚摸，都是为了让对方快乐，而非索取。比性爱更重要的是在一起。性爱也变得非常美妙，不过，是完全不同于以往的体验。性爱成了你们之间的交流方式，你们完全地交出自己，使性爱变成了一次舞蹈、一门艺术、一种对美至高无上的表达。

你们可以通过以下方式达成默契。你可以说："我喜欢你，你太棒了，跟你在一起真是太好了。我会带来鲜花，而你会播放轻柔的音乐。我们将一起跳舞，一同飞上云端。"你们的关系美好而浪漫,不再有控制权之争,只有对彼此的服务。但只有足够爱自己时,你们才能做到这一点。

第六章

你并不缺少爱

假设你有一间魔幻厨房，可以烹饪出世界各地的美味佳肴。你从不担心要吃什么，不管你想要什么食物，都能随心所愿。你在食物上很慷慨，会无条件地和别人分享，而不求任何回报。你款待所有来做客的人，只为了获得分享食物的快乐，你的家中总有满堂的宾客前来享用魔幻厨房的食物。

一天，有人带着一张比萨来敲你家的门。你打开门后，对方跟你说："嘿，看到这张比萨了吗？如果你让我控制你的生活，事事听我的，我就把它给你。我每天都会给你一张比萨，你永远都不用担心忍饥挨饿，只要对我好就行。"

你能想象自己的反应吗?你的厨房里能做出一样的比萨,甚至更美味。而这个人却跑来要给你食物,还要你事事听他的。你会大笑着说:"不,谢谢!我不需要你的食物,我的食物已经相当丰富,你可以来我家,想吃什么就吃什么,而且什么都不用做。别指望我会听你的,没人能用食物来左右我。"

接下来,想象一种完全相反的情况。你有好几个星期没吃东西了,饥肠辘辘,却身无分文。这个人拿着比萨来跟你说:"嘿,这里有吃的。如果你什么都听我的,它就归你了。"你闻到了比萨的香味,肚子饿得咕咕叫。你决定接受对方的要求来换取食物。在你吃完后,那人又说:"如果你还想要的话,我还有,不过你得一直听我的。"

今天有食物，不能保证明天还有。为了食物你不惜做任何事情。因为没有食物，因为需要食物，你不惜去做奴隶。一段时间后，你内心有了这样的疑问："没有比萨我会怎样？没有比萨我会活不下去。如果对方决定把比萨给别人，我该怎么办？"

现在，让我们把食物换成爱。你的内心充满爱，你不仅爱自己，也爱整个世界。你的爱无比充盈，你不需要别人的爱。你无条件地分享自己的爱，不需要别人做什么。在爱的方面，你是百万富翁。可是有人敲开你家的门，跟你说："我有一份爱给你，如果你事事听我的，你就可以得到它。"

当你的内心充满爱时，你会作何反应？你会大笑着说："谢谢，我不需要你的爱。我的内心就有爱，而且更多、更美好，我会无条件地把爱献给别人。"

可是，如果你的内心渴求爱，你又会作何反应？如果你的内心没有爱，而有人跟你说："你想要一点爱吗？如果我让你做什么你就做什么，你就可以得到我的爱。"你渴望爱，你尝到了爱的滋味，你会不惜一切代价来换取那份爱。你甚至愿意交出灵魂来获取对方的一点关心。

🍃

心就是你的魔幻厨房。打开心房，里面有你需要的所有爱。你不必到处去乞求："请来爱我，我太孤独了。我不配得到爱，我需要有人来爱我，证明我值得被爱。"我们内心就有爱，但我们却视而不见。

当人们认为自己没有爱时会制造出怎样的内心冲突？他们渴望爱，从别人那里得到的一点爱让他们感到其必不可少，他们为爱所困。内心的冲突由此产生。

"如果他离开我,该怎么办?""没有她我该怎么活下去?"没有供应者每天提供的"毒品",他们的生活就无法继续。他们极度缺乏爱,为了得到一点爱,他们允许别人控制自己的生活。他们听任别人指点他们的行为、穿着、为人处世和信仰。"如果你这样做,我就会爱你。如果让我控制你的生活,我就会爱你。只要你对我好,我就爱你。如果你做不到,那就算了。"

问题就在于人们不知道自己内心有一个魔幻厨房。很久以前我们就关上了自己的心门,再也感受不到内心的爱。正是这样,我们才会感到痛苦。到了生命中的某个时刻,我们不再敢爱,我们认为爱不公平。爱让人受伤。我们试图让别人满意,让别人接纳自己,但我们失败了。我们已经爱过,也受过伤。再次去爱需要冒太大的风险。

当然，正是因为有太多的自我批判，我们才无法爱自己。如果我们不爱自己，又如何能装作去爱别人呢？

恋爱时，对爱的匮乏让我们变得自私，我们只在乎自己。我们甚至希望爱人和我们一样匮乏。我们希望"自己被需要"，以此获得存在的价值和活着的理由。我们觉得自己在寻找爱情，但事实上我们在寻找"需要自己的人"，也就是能够被自己控制和操纵的人。

人们为了互相控制而你争我夺，因为我们受到了驯化，想要争夺对方的关注。我们所谓的爱情是找一个需要自己、关心自己的人，但那不是真正的爱情，而是自私。这样的关系如何能走下去？自私无法让你获得良好的关系，因为这里没有爱。两个缺乏爱的人在性爱中品尝到了一点爱的甘露,因而变得无法自拔。但所有的评判、恐惧、指责和内心冲突依然存在于彼此心中。

于是,我们到处寻求关于爱情或者性爱的指南。相关的书籍可谓数不胜数,但统统可以被叫作《如何在性爱中自私》。作者的出发点是好的,但何谈爱情?这些书不是在教人们如何去爱。事实上没有什么能教会人们去爱。爱是我们的天性,它早就存在于我们的基因当中。除了我们在这个虚幻世界里发明的东西,我们什么都不需要学习。我们向外界寻求爱,而爱早已将我们包围。爱无处不在,我们却视而不见。我们的情绪体再也无法调到爱的频道。

我们害怕爱,因为爱并不安全。我们害怕被拒绝,因此不得不以假象示人。我们想让伴侣接纳我们,却做不到自我接纳。问题并不在于伴侣，而在于我们自己，因为我们认为自己不够好。

主要问题就在于自我排斥。完美主义是一个彻头彻尾的错误，只要它存在于你的头脑当中，你就永远都不可能让自己满意。它不仅错误，而且不够真实，可你却深信不疑。因为不够完美，你排斥自己。伤害你的成人有多么强大，你就有多么排斥自我。

在你被驯化后，问题就不再与他人有关，而在于你无法让自己满意，因为内心的"大法官"总是在提醒你不够完美。正如我前面所说，因为无法成为自己所希望的人，你永远都不会原谅自己，这才是真正的问题所在。如果你能做出改变，你就能在关系中担起自己的责任，另一半的问题与你无关。

你告诉一个人你爱他，可对方却说："哦，我不爱你。"这会让你感到痛苦吗？别人拒绝你并不意味着你要拒绝自己。如果这个人不爱你，那还会有其他人爱你，总会有那么一个人的。一个是想要和你在一起的人，而另一个是不得不跟你在一起的人，跟前者在一起你会更幸福。

你应该专注于自己所能拥有的最美好的关系，也就是你和自己的关系。这不是自私，而是自爱，二者截然不同。自私是因为你没有爱。爱自己，爱会与日俱增。你不会再因为需要爱而坠入情网。恋爱对你来说会成为一种选择，如果愿意，你可以选择某个人，了解真正的他。如果你不需要他的爱，你也无须自我欺骗。

你是完整的。爱自你的内心流淌而出，你不会因为害怕孤独而去寻找爱。当你的爱本自具足时，你便完全可以独处。分享固然幸福，独处亦可自得其乐。

我喜欢你，和你约会，是因为我们想要嫉妒、想要彼此控制吗？如果事情是这样，那就毫无乐趣可言。如果你要挑剔我、评判我，让我感觉不好，那我们还是算了。如果我因此而痛苦，那还不如自己一个人待着。人们在一起难道是为了制造冲突、彼此占有、互相惩罚、获得救赎吗？这难道是他们在一起的真正原因？当然，我们可以做出选择，可我们到底在寻找什么？

当我们还是一个五六岁的孩子时，我们被别的孩子吸引，是因为我们想要玩耍、想要开心。我们不会为了打架或者发生冲突而和其他孩子在一起。这样的事情虽然在所难免，但很快就会过去，我们会接着玩。等到玩腻了，我们会换一个游戏，改变游戏规则，但我们始终在探索。

如果你和别人在一起是为了制造冲突，想要去嫉妒、去占有和控制对方的生活，那你不是在寻找快乐，而是在寻求痛苦，并且你会得偿所愿。如果你很自私，希望伴侣会让你开心，那结果不会如你所愿。而且这不是对方的错，是你自己的错。

不管跟谁相爱，我们都是为了和对方分享、尽情享受、获得快乐，而不是为了彼此厌烦。我们寻找伴侣，是因为我们想要玩、想要开心、想要享受自我。我们选择伴侣，不是为了把自己的情绪垃圾——嫉妒、愤怒和自私扔给我们声称自己所爱的人。一个人怎么可以一边说"我爱你"，而另一边却又伤害你、羞辱你、不尊重你呢？他说他爱你，但这是真正的爱吗？爱一个人，就会希望他过得好。为什么要把情绪垃圾丢给孩子？为什么因为内心的恐惧和情绪毒素伤害他们？为什么把自己的负面情绪怪罪到父母头上？

人们变得自私，紧紧地关上了自己的心门。他们渴望爱，却不知道自己的内心就是一间魔幻厨房。你的心就是你的魔幻厨房，打开它，打开这间魔幻厨房，不要再去乞求别人的爱。你需要的爱就在你的心中。想要多少，就有多少，不仅可以用来爱你自己，甚至可以爱整个世界。你可以无条件地付出爱，你可以很慷慨，因为你有一间魔幻厨房。所有渴望爱的人都会围绕在你身边，你的爱就是他们内心的良药。

爱流淌自你的内心，让你感到幸福。如果你不吝惜自己的爱，那么人人都会把爱回报给你。慷慨使你不再孤单。如果你自私，你将永远孤独，这谁都不怪，只能怪你自己。慷慨会为你打开所有的门，自私则不会。

自私源于内心的贫穷,因为你认为自己的爱不够多。自私是因为我们相信明天不会再有比萨。但是,如果我们知道自己的心是一间魔幻厨房,我们就会慷慨,会完全无条件地给予别人爱。

第七章

掌控自己的梦境

生命中的每段关系都能被治愈，变得美好，但一切都要从你开始。你要鼓起勇气面对现实，用事实和自己对话，对自己诚实无欺。你不需要对全世界坦诚，但要对自己诚实。也许你控制不了周遭发生的事情，但可以控制自己的反应。你的反应是你人生梦想的指南针（你的个人梦想），它决定了你开心与否。

你的反应是你开启美妙人生的关键。学会控制自己的反应，你就能改变自己的行为模式，从而改变人生。

你的行为、思想、语言和感受所产生的后果都将由你负责。也许你很难看出事情的起因，但你能看到事情的结果，因为它正在让你痛苦，或者快乐。想要控制自己的人生梦想，就要做出选择。你必须预见到自己是否会喜欢选择所产生的结果。如果你喜欢某个结果，那就继续，这很好。但如果你不喜欢目前的生活、你的人生梦境，那就努力找出产生现状的起因，这样才能改变你的梦想。

人生是个人梦想的显化。改变个人梦想的内在程序，就可以成为梦想大师。梦想大师可以创造杰出的人生，但掌握梦想并非易事，因为人类是自己梦境的奴隶。我们学会的做梦方式是个圈套，我们坚信一切全无可能，因此很难从恐惧的梦中逃脱。要想从这场噩梦中醒来，就要掌控梦想。

于是，托尔特克人创造了转化的秘诀，让人们打破旧的梦境，建立新的梦境，这不仅可以让我们逃离恐惧之梦，而且它使得一切皆有可能。在转化的秘诀中，托尔特克人将人类分为了做梦者和跟踪者。做梦者知道梦是幻觉，他们游走在幻觉的世界中，明白一切皆为幻影。而跟踪者则像老虎或者美洲豹，密切关注着自己的所有举动和反应。

你必须关注自己的反应。你要时时刻刻和自己合作。这会花很长的时间，也需要很大的勇气，因为相比于将事事归咎于自己，按习惯做出反应要容易得多。但那会让你犯下很多的错误，使你痛苦不已，你的反应只会产生更多的情感毒素，制造内心冲突。

如果能控制自己的反应，你很快就能真正地看见，能够感知事物的真正面目。通常，大脑可以感知事物的真实情况，但内心的程序和认识总让我们对自己感知到、听到的，尤其是看到的事物做出解释。

身陷恐惧之梦的人观察事物的方式，与没有评判地观察事物的方式之间存在着巨大的差异。区别就在于情绪体对感知到的事物所做出的不同反应。例如，你走在街头，有一个不认识的人跑来跟你说"你真蠢"，然后就走开了。你对此可以有很多不同感受和反应。你可以接受那个人的说法，说"没错，我一定很蠢"，也可以很生气、感到被羞辱，还可以不以为意。

事实上，那个人正受到负面情绪的困扰，他之所以对你说那样的话，是因为你是他碰到的第一个人，这件事与你毫不相干，也不针对任何人。如果能看清这一点，知道事情就是如此，你就不会在意。

你会说："那个人活得真痛苦。"你不会认为他是在针对自己。这只是其中的一个例子，但同样的道理几乎适用于所有的事情。小我将每件事都归咎于自己，导致我们做出过激反应。我们看不到事情的真相，因为我们总是立刻做出反应，使其成为我们噩梦的一部分。

反应源于内心深处的认知。一个反应被重复上千遍，就变成了行为模式。你已经习惯了这种方式。所以，这对你来说将是一种挑战：改变你的反应习惯和行为模式，去冒险，做出不同的选择。如果结果非你所愿，那就继续改变，直到得到自己想要的结果。

我曾经说过，内心的"寄生虫""法官""受害者"和认知体系从来都不是我们自己选择的。如果我们知道这不是我们自己的选择，意识到这些不过是梦而已，我们就能恢复自己曾经失去的某些非常重要的东西，也就是所谓的"自由意志"。宗教上说，上帝在创造了人类后便赋予了人类自由意志。事实的确如此，但社会梦想夺走了我们的自由意志，它控制着大部分人类的意志。

有人说："我想改变，我真的不想再这样了。我不应该这么贫穷。我很聪明，我应该过上很好的生活，挣更多的钱。"这些想法，是大脑告诉他的。但他实际上做了什么？他打开电视，一看就是好几个小时。他的意志有多坚强？

一旦意识到这一点，我们就可以做出选择。一直保持清醒的意识，我们就可以改变自己的行为模式、自己的反应，从而改变整个人生。一旦有了这种意识，我们就会恢复自己的自由意志。而一旦恢复了自由意志，我们就可以随时随地想起自己是谁。如果我们忘了,我们可以选择再次想起,只要我们保有这种意识。但如果没有这种意识,我们将无法做出选择。

保持清醒的意识就是对人生负责。你不需要对世界负责,你只需要对自己负责。世界成了今天这个样子不是你的责任,在你出生之前它已然如此。你来到世间不是为了拯救世界、改变社会,但你的确肩负重任,你的责任重大。你的人生使命就是要让自己开心,而为了让自己开心,你必须去观察自己的认知,以及你是如何自我评判和自我伤害的。

要坦诚地面对自己的幸福。如果你不喜欢自己,就不要假装自己很幸福,然后跟别人说:"你看,我的人生多么成功,什么都不缺,我真的太幸福了。"

一切就在眼前,等着我们去发现。但是,我们首先要有勇气睁开眼睛,面对真相,看清现实。人们是多么的盲目，因为他们不想看见。我们来看下面这个例子：

一位年轻的女士遇到一个男人，立刻就产生了爱慕之情。体内的荷尔蒙迅速分泌，她想得到那个男人。她所有的女性朋友都看清了他的为人：他吸毒，没有工作，他所有的性格特点都让女性感到痛苦。但她从他身上看到了什么？她只看到了自己想看到的东西。她看到他高大、帅气、强壮且富有魅力。她在头脑中为这个男人构建了一种形象，并试图否认他身上有自己不喜欢的一面。她自我欺骗，让自己真的相信他们一定会走下去。朋友跟她说："可是他是个瘾君子，嗜酒，还没有工作。"她却说："是的，但我的爱会让他改变。"

她的父母自然很讨厌那个男人。他们担心自己的女儿，因为他们已经预料到她会有什么样的遭遇。他们说："这个人不适合你。"而她却说："你们在对我指手画脚。"在荷尔蒙的影响下，她和父母翻了脸。为了证明自己的选择是正确的，她欺骗自己："这是我的人生，我想做什么就做什么。"

几个月后，她回到了现实。真相开始浮现，她责怪那个男人，因为他表现出了她不想见到的一面。他们之间没有丝毫尊重，只剩下伤害。可是，她现在更加看重自己的面子。她回家如何面对父母，事实证明他们说的都是对的，他们一定会得意的。这位女士需要多久才能吸取教训？这取决于她有多爱自己，她的自我伤害有多严重。

所有的痛苦都是因为事实摆在面前，而我们却不想正视。哪怕我们遇到的人尽可能地假装出最好的一面，戴着虚假的面具，也无法掩饰他缺乏爱、不懂得尊重的本质。但我们视而不见，充耳不闻。古代的一位先知曾说："不愿看的人比瞎子还瞎，不愿听的人比聋子还聋，不愿明白的人比疯子还疯。"

真的，我们非常盲目，并且我们为此付出了代价。如果睁开眼睛看到真实的生活，就能避免受到很多的情感伤害。但这并不意味着我们不需要冒险。活在这个世上就需要冒险，即使我们失败，那又怎样？谁在乎？没什么大不了的。我们吸取教训，继续向前，不要自我评判。

不要自我评判，也不要自责和愧疚。接受现实，就可以重新开始。看到真实的自我，便是迈出自我接纳、停止自我否定的第一步。一旦可以接纳真实的自我，生活便会焕然一新。

每个人都有一个价格，但用来衡量的不是钱币或者黄金，而是爱，并且是对自我的爱。你有多自爱，价格就有多高，而生活会尊重这个价格。如果你爱自己，你的价格就高，因为你不会自我伤害，你尊重自我。你喜欢真实的自己，价格就高。如果你不喜欢自己，价格就会变低。

有时候，人们的自我评价太过严厉，不得不让自己变得麻木。不喜欢一个人，你可以走开。不喜欢一群人，你可以远离。但如果不喜欢自己，你却无处可逃。为了逃避自己，你需要借助某些东西让自己变得麻木，将思绪从自己身上移开。也许是酒精，也许是毒品，也可能就是吃，不停地吃。但自我伤害的程度却愈演愈烈。有的人非常憎恨自己。他们自我毁灭，慢性自杀，因为他们没有勇气来一个痛快的了结。

观察自我毁灭的人，你会发现他们常常物以类聚、人以群分。如果不喜欢自己，我们会做什么？我们会借酒浇愁，这是我们给自己找的借口。去哪儿喝酒？去酒吧。什么样的人会在那里？一些和我们一样，想要自我逃避，自我麻痹的人。我们开始谈论各自的痛苦，互相理解，一同醉生梦死。我们甚至开始享受彼此的陪伴。能够互相理解是因为我们有着相同的频率。我们都想自我毁灭，于是，我伤害你，你伤害我，我们建立起了地狱般的完美关系。

但如果你变了，事情会怎样？出于某种原因，你不再需要饮酒，你可以自处，你喜欢自处。但你的朋友没有改变，还在借酒浇愁，麻木让他们快乐。你知道那不是真正的快乐。他们所谓的快乐是对内心伤痛的背叛。他们通过伤害别人和自我伤害来获得乐趣。

你已经无法融入其中，他们当然也会讨厌你，因为你和他们不再是一类人。"嘿，你不跟我一起喝酒，不跟我一起找乐子，就是讨厌我。"现在，你必须做出选择，你可以回到过去，也可以改变自己的频率，寻找和自己同频的人。这样，你会找到不同的天地，建立崭新的关系，不再受到伤害。

第八章

大脑需要，还是身体需要

如果将人类从宇宙的创造中排除，你会发现宇宙的其他所有创造，包括星星、月亮、植物和动物，一切都很完美。生命不需要理由，也不需要评判。没有人类，世界照样运转。如果将人类放入其中，但让他们失去评价的能力，你会发现人类和大自然的其余组成部分并无二致。我们既不好，也不坏，既非正确，也非错误，我们就是我们。

　　身陷现世梦境，我们总要找到每件事物存在的理由，将它们分成好坏对错，即使那就是它们本来的样子。人类积累了大量的知识，家庭、社会和宗教教给我们各种信仰、伦理和规则。我们大部分的行为和感受就建立在这些知识之上。我们创造出天使和恶魔，性欲自然是地狱中最大的恶魔。性欲是人类最大的罪过，尽管人体本就是为性而生。

人是有性生物，事实如此。人体非常聪明，其智慧存在于基因、存在于DNA中。DNA承载着人体的智慧，既不需要对其理解，也不需要为其找到存在的理由。问题并不在于性，而在于我们对知识和评价的操纵，事实上，没有什么事物需要理由才能存在。只是人类的大脑不愿屈服，接受事物本来的样子。我们对性和亲密关系有一整套看法，而这些看法完全是扭曲的。

在人间这座地狱中，性行为需要付出很高的代价，但性的本能非常强烈，无论如何人类都要进行性行为。

于是，我们感到自责，感到羞耻。我们总能听到一些跟性有关的流言蜚语。"看看那个女人做了些什么，哼！瞧瞧那个男的。"我们对女人和男人应该什么样，以及男女该如何产生性行为有一整套规定。一个男人不是太有男子气概就是太窝囊，这取决于评价的人是谁。一个女人不是太瘦就是太胖。女性怎样才算美丽，我们有一套既定的认知。她们要买对的衣物，塑造正确的形象，这样才算富有魅力、形象宜人。如果你不符合这种美丽的形象，从小到大你都会认为自己没有价值、不招人喜欢。

因为相信了太多关于性的谎言，我们无法享受性爱。性是动物本性，是罪恶的。对性有感觉是可耻的。有关性的规则完全背离了自然，是一场噩梦，而我们却深信不疑。如果你流露出的真实本性不符合这些条条框框，你就有罪。你不再是本来的你，你将受到评判和伤害。你会自我惩罚，然而，这并不公平。你的内心将留下难以愈合的伤口。

这是大脑玩的把戏，但身体会自行其是。身体感到了性的需求。在人生的某个阶段，我们都无法抵抗性的吸引。这是再自然不过的了，根本不是问题。当身体被触摸、受到视觉刺激、感到性的可能性时就会变得兴奋，产生性的感觉，但几分钟后这种感觉就会消失。如果外界停止刺激，身体就不再需要性，大脑却不是这样。

假设你已经结婚，而且从小就是天主教徒，被灌输了一整套有关性的是非对错的理念：何种行为有罪过，而何种行为可以被接纳。为了能够进行性行为，你需要签约，如果你不签，性对你来说就是一种罪过。

因此，你宣誓要忠贞不贰。但有一天，你走在路上，有个男人从你身边经过。你感到对方有一种强烈的吸引力，你的身体也受到了吸引。这没什么，不意味着你会采取任何行动。不过，你无法避免产生这种感受，这很平常。当那个人消失后，你的身体便不再受其吸引，但大脑却非要做出一番解释。

大脑总是自以为是，这就是问题所在。你、你的大脑都自以为知道，但你们知道什么？你知道的，都是你相信的东西。你的感受无所谓好坏，也无所谓对错。但受到的教养让你认为自己那样是不对的，你很快做出了判断。于是，你的内心开始产生冲突。

以后，每当你想到那个男人，你的荷尔蒙就开始上升。他留给你的记忆非常深刻，你的身体仿佛再次见到他一般。因为大脑，身体再次有了反应。如果没有大脑的参与，身体的反应就会消失，仿佛一切从未发生。但大脑有记忆，而大脑之所以有记忆，是因为你认为自己有那样的感受不对，你评判自己。大脑告诉你这样不对，你就开始抑制自己的感受。这时，你猜会发生什么？你反而会不断地想起那个人。而后，你又见到了那个人，尽管是在一个不同的场合，你的身体还是产生了强烈的反应。

如果第一次见面，你没有评判，也许第二次见面时你根本不会有任何反应。而现在看到这个人，你有了性的感觉，又开始评判自己，你不禁想："天哪！这样不对，我是个坏女人。"你需要被惩罚，你感到自己罪孽深重，你陷入漩涡之中难以自拔，实际上你根本不必如此，因为这些都发生在头脑当中，那个人可能都没有注意到你的存在。你开始胡思乱想，妄加猜测，越发渴望这个男人。由于某种原因,你碰到了他,开始和他谈话,你感到无比美妙。你受到强烈的吸引,你为之着魔,却又深感恐惧。

最后,你和他做爱了。你感到无比美妙,也感到糟糕至极。现在,你真的感到自责。"我居然可以不顾道德的要求,那么渴望性,我究竟是个什么样的女人?"大脑会做什么?你感到难过,但你试图否认自己的感受。为了逃避痛苦,你试图给自己找借口:"好吧,也许我的丈夫和我一样。"

性的吸引变得越发强烈,但不是因为你的身体,而是你的大脑在作怪。恐惧使你着魔,而你的恐惧与日俱增。和那个人做爱给了你很棒的体验,但不是因为他,也不是因为你们的性爱,而是因为所有的压力和恐惧得到了释放。为了让压力和恐惧再次积累,大脑还会玩同样的把戏，把一切归因于那个人，但事实并非如此。

内心的冲突在不断上演，但不过是一种简单的心理游戏罢了，既不真实，也不是爱。这种关系极具破坏性。它会自我毁灭，因为你在伤害自己，令你痛苦的正是你的信仰。不管你的信仰是好是坏、是对是错，你在打破自己的信仰。我们都期待能打破自己的信仰，但是要以精神战士的面貌，而不是以受害者的身份。现在，这样的体验只会使你在地狱中越陷越深、无法自拔。

大脑和身体有着完全不同的需求，而身体受大脑的控制。身体的需要不可置之不理，你要满足自己对食物、水、藏身之处、睡眠和性的需要。身体的所有需要都完全正常，满足身体之需非常容易。问题在于大脑在提出这些需求。

我们在脑海中创造出幻觉的泡沫，大脑在其中全权负责。大脑认为它需要食物、水、庇护、衣物和性，但实际上它什么都不需要，大脑没有生理需要，它不需要食物、氧气、水，更不需要性。如何知道这种说法是对的？大脑说："我需要食物。"在你吃完后，身体已经得到了完全的满足，可大脑却依然认为它还需要食物。于是，你不停地吃啊吃，可无法让大脑满足，因为它的需要不是真实的。

我们对衣物遮体的需要也是同样的情况。是的，因为风吹日晒，身体需要衣物。身体的这种需要很好满足。但如果是大脑产生了这种需要，即使你有数不清的衣服也很难满足它。你打开挂满衣物的衣柜，可大脑还不满意。它会说什么？它会说："我没衣服穿。"

大脑需要新车、度假，需要新的客房来招待朋友，这些存在于大脑中的需求你永远都无法彻底满足。性爱也同样如此。如果大脑产生了性的需要，你是无法使其满足的，因为大脑里全是评判和知识。性爱因此变得难以对付。其实，大脑并不需要性，它需要爱，而不是性。往更深里说，是你的灵魂需要爱，这样大脑才能抵抗恐惧。恐惧也是一种能量，是大脑的食粮，尽管你不想要这种食粮，但它的确可以给大脑提供能量。

我们要把身体从大脑这个暴君手中解放出来。如果大脑不再需要食物、性，一切都会变得轻松。首先，要区分两类不同的需要：哪些是身体需要，哪些是精神需要。

大脑总是把身体需要和精神需要混为一谈，因为它总想搞明白：我是谁？身处幻觉的世界，我们不知道自己是谁。于是，大脑便产生了这些问题，我是谁成了最大的谜题，任何答案都可以满足我们对安全感的需要。大脑说："我就是身体，我就是我的所见、所思、所感。我会受伤，我会流血。"

大脑和身体的紧密联系使得大脑认为自己就是身体。身体产生需要，大脑就说："我需要。"大脑把身体的需要当成自己的需要，因为它想理解"我是谁？"，于是，大脑开始控制身体。这种状况会一直持续，直到某些事情触动你，让你看清真相。

当你看到真相，当大脑开始意识到它并不是身体时，你才会醒悟。大脑说："那我是谁？我是手吗？可砍掉手后，我还是我。看来我并不是手。"把不属于你的东西剔除出去,剩下的就是真正的你。大脑需要走很长的路才能找到自己的身份。在这个过程中,你要放下那些为了感到安全而编撰的故事,直到你认清真正的自我。

你会发现你并不是自己曾经以为的那样,因为你的认知体系不是自己选择的,在你出生之前,那些体系就已经存在。你会发现你不是身体,因为没有身体你也可以运作。你意识到你既不是梦,也不是大脑。当你深入了解时,你会发现自己也不是灵魂。你将发现一个难以置信的事实:你是一股力量,可以让身体得以存活、让大脑做梦的力量。

没有你便没有了这股力量,身体将瘫软在地。没有你,所有的梦都将消散。真正的你就是这股力量,就是生命。看着周围某个人的眼睛,你会看到他的眼睛中闪耀着他的自我意识和生命的光彩。生命不是身体，不是大脑，也不是灵魂，而是一种力量。凭借这股力量，新生儿长成了孩童、少年和成人，繁衍下一代，然后老去。

生命在你的身体、大脑和灵魂中流淌。如果你不是通过逻辑和理智发现这一点，而是因为感受到了生命，那么你会发现自己就是一股生生不息的力量，花开花谢，蜂鸟流连花丛，一切皆因你。你存在于每棵树、每只动物、每种蔬菜，甚至每块岩石之中。你是推动风起云涌的那股力量，它栖身在你的身体之中。整个宇宙都靠它运转，这就是你。你就是生命。

第九章

狩猎女神：找回自我的故事

古希腊神话中,有一个关于狩猎女神阿耳忒弥斯的故事。阿耳忒弥斯是一个超凡的猎手,她能轻而易举地捕到猎物,而且很容易满足,和森林相处得十分和谐,森林中的每个动物都喜欢她,成为她的猎物被视作一种荣耀。看上去,阿耳忒弥斯并不像在狩猎,她需要哪个动物,那个动物就会自动来到她身边。这使她成为最优秀的猎手,同时也是最难以捕捉的猎物。化身成动物时,她会变成一只无法捕捉的神鹿。

阿耳忒弥斯和森林里的动物过得非常融洽,直到有一天,一位国王向宙斯的儿子——想要突破自我的赫拉克勒斯下达了一道命令，要求他抓住阿耳忒弥斯变成的神鹿。作为宙斯的无敌之子，赫拉克勒斯没有拒绝国王的要求。他前往森林去捕捉神鹿。鹿看到他，并不感到害怕，她让赫拉克勒斯走到了跟前，但当他想抓住她时，她跑了。除非赫拉克勒斯的捕猎本领能比阿耳忒弥斯更高一筹，否则他无法抓到她。

赫拉克勒斯向众神的信使、飞得最快的赫尔墨斯求助，借来了对方的双翼。现在，赫拉克勒斯变得像赫尔墨斯一样快，马上就抓到了堪称无价之宝的神鹿。你可以想象阿耳忒弥斯的反应。赫拉克勒斯居然抓住了她，她必须报复，她要反过来抓住他。她千方百计地追捕赫拉克勒斯，但赫拉克勒斯如今成了最难抓到的猎物。他来去自由，阿耳忒弥斯不管怎么努力，都未能成功。

阿耳忒弥斯根本不需要赫拉克勒斯。对他的强烈渴望不过是她的幻觉而已。她认为自己爱上了赫拉克勒斯，需要他。她一心想得到赫拉克勒斯，并为此着魔，她再也不像往日那么快乐。她变了，不再与森林和谐相处，现在她以捕获猎物为乐。阿耳忒弥斯打破了自己的规则，成了捕食者。动物们害怕她，森林也开始排斥她，但她不在乎。她看不到真相，脑子里只有赫拉克勒斯。

赫拉克勒斯有很多事要做，但有时他会去森林见阿耳忒弥斯。每次他来到森林，阿耳忒弥斯都会想方设法去抓他。和赫拉克勒斯在一起让她感到快乐，但他终会离开，于是她变得爱嫉妒，有很强的占有欲。赫拉克勒斯每次离开，她都会痛苦地哭泣。她恨他，却又爱他。

阿耳忒弥斯的这些想法，赫拉克勒斯一无所知。他没有意识到她在追捕自己。他从来都不认为自己是一个猎物。赫拉克勒斯爱阿耳忒弥斯，他尊重她，但那不是她想要的。阿耳忒弥斯想要拥有他、抓住他、成为他的捕食者。自然，森林里的所有生物都注意到了她的变化，只有她自己没有注意到。在她的心中，她依然是狩猎女神。她没有意识到自己已经堕落，曾经天堂般的森林如今已经变成了地狱，其他的猎手也跟随她的脚步，堕落成捕食者。

一天，赫尔墨斯变成一只动物，就在阿耳忒弥斯想要杀死他时，又变回了神的模样。于是，阿耳忒弥斯恢复了往日的智慧。赫尔墨斯让她意识到了自己的堕落。她找到赫拉克勒斯，请求他的原谅。她太以自我为中心，才导致了自己的堕落。在和赫拉克勒斯谈话时,她发现对方并没有受到伤害,因为他根本不知道她的想法。她环顾四周,看到了自己对森林的破坏。她向每一朵花、每一只动物道歉,重新获得了它们的爱戴。阿耳忒弥斯再一次成为狩猎女神。

我讲这个故事是希望你明白,我们都是猎手,也都是猎物。世上的每个生物都既是猎手,也是猎物。我们为什么要去捕猎?因为我们想满足自己的需要,也就是我前面提到的身体需要和精神需要。如果大脑认为自己是身体,它的需要就是幻觉,不可能被满足。当我们追逐大脑中并不真实的需求时,我们就成了捕食者,在捕捉虚无缥缈的东西。

人类追寻爱。我们需要爱,因为我们认为自己没有爱,我们不爱自己。我们从其他人身上寻找,期待得到他们的爱,而事实上,他们跟我们一样,他们也不爱自己，我们又能从他们那里得到多少爱？我们只不过是在制造更多不真实的需求。我们不断地追寻，却找错了对象，因为别人那里没有我们想要的爱。

阿耳忒弥斯意识到自己的堕落，恢复了理智，知道她所需要的都存在于自己的内心。我们有着同样的处境，我们和堕落之后还未得到救赎的阿耳忒弥斯一样。我们追逐爱、正义和幸福。我们追寻神，而神就在我们心中。

捕捉神鹿的故事教会我们，向内心寻找爱，这个故事值得我们铭记在心。记住阿耳忒弥斯的故事，找到内心的爱。在其他人身上寻找，你将永远得不到满足，因为没有人能从别人那里找到自己所需要的爱。我们无法满足大脑的需要，因为它的需要并不真实，从来都不曾真实地存在过。

爱就在我们内心,但很难捕捉。想在内心找到爱并非易事。你必须非常快,像赫尔墨斯一样神速,因为任何事情都会使你分心。吸引你注意的事情会阻碍你达到目的,使你无法抓到想要的猎物——内心的爱。如果能将其捕获,爱就会生根发芽,日渐强大,能够满足你所有的需求。这对你的幸福至关重要。

通常,人们都是以猎人的身份开始一段关系的。他们寻找自己所需要的东西,希望从别人那里能找到,结果却一无所获。如果他们开始没有这样的需要,事情就会截然不同。

怎样从内心捕获自己需要的一切?要想抓住内心的爱,就要臣服于既是猎人也是猎物的自己。你的大脑中,既有猎人,也有猎物。哪部分是猎人,哪部分又是猎物？在普通人身上，内心的"寄生虫"就是猎人。"寄生虫"对你了如指掌，而它要的就是恐惧引发的各种情绪。寄生虫以垃圾为食。它喜欢恐惧和冲突，喜欢愤怒、嫉妒和羡慕。总之，它喜欢让你感到痛苦的所有情绪。"寄生虫"想报复，想要掌控一切。

自虐就是"寄生虫"，它一天24小时都在折磨你，时刻在围捕你。而我们则成了它的猎物，对它来说我们唾手可得。伤害你的正是"寄生虫"，它不仅是猎手，还是捕食者，它会将你生吞活剥。它的猎物就是情绪体，是一直在痛苦、渴望被救赎的那部分自我。

希腊神话中还有一个关于普罗米修斯的故事。他被锁在一块岩石上。白天，一只老鹰会吃掉他的内脏。夜晚，他又会长出新的内脏。每天老鹰都来吞食他的内脏，这意味着什么？白天，普罗米修斯是清醒的，除了身体，他还有情绪体。老鹰就是啄食他内脏的"寄生虫"。而到了夜晚，情绪体消失了，他恢复了原样。他获得重生，并再次成为老鹰的食物，直到赫拉克勒斯拯救了他。赫拉克勒斯打破了锁链，让他重获自由。

要想从内心捕获爱，就要捕捉自己的每个反应。每次改变一种行为模式。这是你和捕食者之间的战争，真相就站在你们中间，不偏不倚。无论是加拿大人还是阿根廷人，西方人在传统上都把自己称为勇士，也就是追逐自我的人。这将是一场重大的战役，敌人就是"寄生虫"。身为勇士并不意味着你一定会赢，但至少你做出了反抗，不再对吞噬你的"寄生虫"逆来顺受。

反抗的第一步就是要成为猎人。赫拉克勒斯进入森林追逐阿耳忒弥斯时，没有办法抓到神鹿。于是，他向伟大的导师赫尔墨斯求助，学习如何成为更卓越的猎手。他要比阿耳忒弥斯更优秀才能抓住她。而要想捕获自己，你就要比"寄生虫"更厉害。如果"寄生虫"一天工作24小时，你也要工作24小时。"寄生虫"有一个优势：它对你一清二楚。你无处可躲，而它却难以捕捉。面对别人时，它总是想方设法替你找借口。而独自一人时，它又成了最严厉的法官，总在评价你、指责你，让你感到内疚。

在普遍存在的地狱般的关系中，伴侣内心的"寄生虫"会和你内心的"寄生虫"一起对抗真实的你。你不仅要对付自己的"寄生虫"，还要对付伴侣的"寄生虫"。它们结合起来，你的痛苦就会没完没了。只要意识到这一点，你就能有所改变。你可以更加同情自己的伴侣，但要让伴侣自己对付"寄生虫"。伴侣向自由每迈进一步，你都要替伴侣感到开心。当伴侣变得沮丧、伤心，或者陷入嫉妒时，你要明白现在你面对的不是你爱的人，而是伴侣内心的"寄生虫"。

明白伴侣内心存在着"寄生虫"，知道伴侣正在经历什么，就要给伴侣更多的空间。你只需对自己负责，也要允许伴侣处理自己的问题。这样，你就不会把伴侣的行为归咎于自己。你们的关系将因此改善，因为你明白伴侣的所作所为并不是针对你，而是在处理自己的情绪垃圾。如果你将一切归因于自己，想和伴侣建立美好的关系就绝非易事。

第十章

用爱的视角看待世界

看着自己的身体，你会发现有数以亿计的生命依赖于你而存活。它们就是你体内的每一个细胞。你要对这些细胞负责，对它们来说你就是上帝。你可以为它们提供养料、爱护它们，也可以对它们很残忍。

细胞完全忠于你，它们和谐共生、为你服务。甚至可以说，它们会向你祈祷，因为你是它们的神。这样说并非夸大事实。知道这一点后，你会怎么做？

还记得吧，整个森林曾和阿耳忒弥斯相处融洽。在她堕落后，她对森林失去了尊重。恢复理智后，她向每朵花道歉："对不起，我会再次爱护你们。"阿耳忒弥斯和森林恢复了往日的友爱。

森林就是你的身体，只要意识到这一点，你就会对自己的身体说："对不起，现在我会爱护你。"你和身体，和所有细胞之间将会建立起最美好的关系。作为关系中的一方，身体以及身体里的所有细胞都完美地尽到了自己的职责，正如你的狗完美地尽到了狗的责任一样。关系中的另一方是大脑。身体尽到了自己的义务，大脑却指责身体，虐待身体，对身体非常严厉。

对比一下你是如何对待自己的猫或者狗的。如果能够像对待宠物一样对待自己的身体，你会发现一切都与爱有关。身体愿意接受大脑的爱，但大脑却说："不，我不喜欢身体的这个部位。看看我的鼻子，我一点都不喜欢。我的耳朵太大了。我太胖了。我的腿太短了。"大脑对身体有着各种各样的要求。

身体本身是完美的,但我们脑子里却塞满了各种关于对错、美丑的概念。只不过是一些概念而已,我们却深信不疑,这就是问题所在。有了完美形象的概念,我们就会希望自己的身体达到某种预期。身体完全忠实于我们,我们却将它拒之门外。即使身体由于自身的局限做不到某些事情,我们也会让它勉为其难。

看看你是如何对待身体的。如果连自己的身体都排斥,别人又能指望从你这里得到什么?接纳自己的身体,你就能接纳所有的人和事。在谈到关系的艺术时,这一点非常重要。你和别人的关系反映了你和自己的关系。如果不喜欢自己的身体,在向伴侣表达爱时,你就会感到害羞。你会想:"看看我的身体,他怎么可能会爱上我。"于是,你否定自己,并且认为别人也会因为同样的原因排斥你。而你也会因为同样的原因排斥别人。

想要拥有天堂般的关系，就必须完全接纳自己的身体。你要爱自己的身体，允许身体自由地展现、给予和接纳，不会感到害羞，因为"害羞"就是恐惧。

想想你是如何看待自己的宠物的。你用爱的目光注视它，欣赏它的美好。狗的美丑，并不影响你对它的感受。看着它，你就会欣喜，因为美并不在于占有。美不过是一个被灌输的概念而已。

你觉得乌龟或者青蛙长得丑吗？青蛙很美，它美丽动人。乌龟，也很美。万事万物都很美。而你却在想："呃，真是太丑了。"这是因为有人向你灌输了美丑的概念，让你有了好坏之分。

美丑，高矮，胖瘦，都不是问题，光彩照人也没有错。你遇到一群人，他们对你说："你真美。"你可以回答他们："谢谢，我也这么觉得。"然后继续向前，这件事对你没有什么影响。但如果你不觉得自己漂亮，而有人告诉了你，你的感受就会有所不同。你会说："是真的吗？"他们的看法令你感动，当然，你也因此变得易于捕获。

你在乎别人的看法，因为你认为自己不漂亮。还记得那个魔幻厨房的故事吗？如果你拥有各种食物，有人试图给你食物以便控制你时，你会说："不，我不需要。"你希望自己美丽动人，却认为自己不够漂亮，这时如果有人跟你说："让我控制你，我就会告诉你你有多美。"你就会听任那个人对你的控制，因为你需要他的赞美。

但重要的不是别人的观点，而是你对自己的看法。

不管大脑怎么认为,你都很美,这是不争的事实。你无须做任何事,因为你早已具备了你所需要的美丽。你不需要通过别人的认可来证明自己的美。别人想从你身上看到什么,那是他们的自由。当他们对你评头论足时,如果能意识到自己的美丽、接纳自己的美,你就根本不会受到他们的影响。

也许,你从小就认为自己没有吸引力,因此你嫉妒别人。而为了给自己的嫉妒找理由,你告诉自己:"我才不想长得漂亮呢。"你甚至可能会害怕自己长得漂亮。产生这种恐惧的原因有很多种,每个人的情况都不尽相同,但通常都是出于对自身力量的恐惧。漂亮的女人对男人有控制力,不仅对男人,对别的女人也会有影响力。不如你好看的女人可能会嫉妒你,因为你吸引了男人们的注意。你穿上漂亮的衣服,所有男人都为你倾倒，而其他女人会怎样议论你？"哼，她是一个放荡的女人。"你害怕别人对你指指点点。其实这没什么，不过是一些想法、一些错误的观念罢了，但会在人们的内心留下伤口。然后，人们又用谎言和否认来掩盖这些伤口。

嫉妒也是一种错误的观念，通过觉察就可以轻而易举地将其瓦解。你要学会面对别人的嫉妒。事实上，每个人都是美的，区别就在于人们对美的概念不同而已。

美，不过是一个概念、一种观念而已。你接纳了美的某种概念，把自己的力量建立在这样的美丽之上。随着岁月的流逝，你日渐衰老。在你看来，你的美貌已不如从前。周围出现了一个更年轻的女人，如今，她才称得上美丽。你到了需要做整形手术的时候，你千方百计地保持自己的影响力,因为你相信美丽就是一种力量。衰老让我们难过。"天哪!我的美貌正在消逝,如果我的魅力不再,爱人还会爱我吗?他会看到比我更有魅力的女人。"

我们拒绝变老,因为在我们看来,变老就意味着不再美丽。但这种观念完全是错误的。新生儿很美好,可老年人也很美好。问题就在于我们在感知美丑时所带有的情绪。我们脑子里有许多看法和条条框框,限制了自己的快乐,使我们否定自我、否定他人。你知道我们是如何在内心制造冲突,又是如何用陈腐的观念使自己注定失败的吗?

衰老和成长一样,都是美好的事情。我们从儿童长成少年,然后再到成年,这个过程是美好的,但成为老年人也同样美好。在人生的某个阶段,我们会积极地繁育后代。在这个时期，我们希望自己具有性的魅力，这是自然规律。在那之后，从自然角度来看，我们就不再需要具有性的魅力了，但这并不意味着我们不再美丽。

你就是自己心目中所认为的那个人。除了做自己，你别无选择。你有权认为自己很美，并且欣赏自己的美。你可以尊重自己的身体，接受它真实的样子。你不需要别人的爱，爱来自内心。爱始终存在于我们的内心，但由于被迷雾笼罩，所以我们无法感受到内心的爱。只有感受到内在的美时，你才能看到外在的美。

你对美丑有自己的一套看法，如果你不喜欢自己的长相，你可以改变自己的看法，生活也会随之改变。这听上去很简单，但要做到却并非易事。控制了观念，就控制了梦境。如果做梦者能最终掌握梦境，人生就会不同凡响。

你可以从每天为身体做礼拜开始。在印度，人们会向各种神祇行礼拜，举行仪式。在做礼拜时，他们向神像鞠躬、献花，把所有的爱献给神像，因为神像代表着神。每天，你都要向自己的身体献上虔诚的爱。在洗浴时，带着爱、敬意、感激和尊重来对待自己的身体。在吃饭时，每吃一口，就闭上眼睛，仔细品尝食物的味道。食物是献给身体的祭品，神就居住在你的身体里。每天如此，你对身体的爱就会与日俱增，不会再否定自我。

想象一下，当你崇拜自己的身体时，你会有怎样的感受？你完全接纳自己，身体让你感到如此美好，你非常快乐。你和别人在一起时，不会再自我伤害。

这是自爱,不是以自我为中心,因为你会用同样的爱、敬意、尊重和感激来对待别人。你能看到这种关系的完美之处吗?你们在向彼此的神致敬。

把和自己的身体建立完美关系视为目标,你就会知道该如何和别人建立完美的关系,包括你的母亲、朋友、爱人、孩子和宠物。和自己的身体建立起美好的关系,就能在与外界的任何关系中胜任自己的责任,不再依赖于外部关系的成功。

向自己的身体礼拜,懂得如何对身体保持虔诚。这样,在触摸爱人的身体时,你会带着同样的虔诚、爱、敬意和感激。而当爱人触碰你的身体时,你也会完全放松,没有恐惧,也没有要求,只有爱。

想象一下,这样一种爱的方式会带来的各种可能性。你们甚至不需要互相触碰,只要看着彼此的眼睛，各自的大脑和灵魂就会得到满足。而身体早已知足，因为它有你的爱。你不再孤单，因为你的内心充满了爱。

每次回头，你的心都会被爱填满，但不是来自他人的爱。看向树，你感到了树的爱。仰望天空，内心对爱的需要便会得到满足。你将发现神无处不在，它不再只是一种学说，神无处不在，生命也无处不在。

万事万物皆由爱和生命组成。就连恐惧也是爱的倒影，只不过恐惧存在于大脑之中，对人类来说，恐惧会控制大脑。我们会根据大脑的想法对每件事情做出解释。如果内心感到恐惧，我们就会用恐惧来分析自己的感知。如果感到生气，我们就会用怒气来感知事物。情绪就像一个过滤器，我们通过它来观察世界。

眼睛是心灵的窗户。你通过眼睛感知外部的梦想。

生气时，你用愤怒的目光看待世界。嫉妒时，你又会有不同的反应，因为你通过嫉妒来看待世界。当你用愤怒来看待世界，一切都会让你感到困扰。当你用悲伤来看待世界，下雨、噪声，一切事物都会令你哭泣。雨就是雨，没有什么可评判或者需要解释的，你只不过是通过情绪体在看待这件事情。当你感到难过时，看到的一切都让你伤心。

如果用爱的目光观察世界，你会发现爱无所不在。树、动物和水皆因爱而生。用爱的眼睛去感知，你的意志就会和他人的意志连接起来，你们的梦就会融为一体。用爱去感知，你将和鸟、自然、他人，世间的万事万物融为一体。你可以透过鹰的眼睛俯瞰世界，也可以转化成其他形式的生命。凭借爱，你可以和鹰心心相印，变出双翼，也可以变成雨、变成云。而要做到这一点,你需要清除内心的恐惧,用爱的目光感知世界。你要发展自己的意志,直到它变得非常强大,能够吸引其他的意志,然后与其融为一体。你会获得飞翔的双翼,或者变成风,于天地之间任意翱翔,拨开乌云,让人们重见天日。这就是爱的力量。

身心得到满足,我们就能从爱的视角去观察世界。每个人心中都有一块乐土。它就存在于人类的大脑当中,但只有当大脑适合爱的生长时,乐土才会存在。普通人的大脑同样也是一块沃土,但只适合"寄生虫"生长,它在那里播下了嫉妒、愤怒、羡慕和恐惧的种子。

对你来说,"寄生虫"就是坟墓,而回到现实就是复活,因为只有当你能够看到生命、看到爱时,你才算是真正地活着。

你可以拥有一段天堂般的关系，开辟属于你的伊甸园，但一切都要从你开始。首先，你要完全接纳自己的身体。捕捉内心的"寄生虫"，使其投降。这样，你的大脑就会爱你的身体，不再阻挠你对自己的爱。一切取决于你，与他人无关。不过，你要先学会治愈自己的情绪体。

第十一章

治愈情绪：关于真相与谎言

让我们再次假设，我们患有皮肤病，身上布满了受到感染的伤口。为了治愈皮肤，我们去看医生。医生用手术刀割开伤口，然后清理、敷药、保持伤口干净，直到伤口痊愈，不再疼痛。

治愈情绪体也需要同样的过程：割开伤口、清理、用药、保持伤口干净，直到痊愈。怎样割开自己的伤口？事实就是割开伤口的手术刀。两千年前，一位伟大的大师曾说过："你们必得真相，而真相必定叫你们得自由。"

真相就像一把手术刀，它割开我们的伤口，揭穿所有的谎言，令我们痛苦不已。我们内心的否认机制掩盖了情绪体上的伤口，我们用这套谎言机制来保护伤口不被碰触。如果我们能透过真相看待伤口，它们就会痊愈。

你可以从对自己诚实开始做起。坦诚地对待自己，你将看到事物的真相，而不是只看到你想看到的东西。让我们举一个非常激进的例子：强奸。

假设你在十年前曾被人强奸，强奸的事实的确发生了。但现在，这件事已经过去。它成了你的噩梦，在噩梦中你被人施以暴行。这不是你自找的，也不是专门针对你而发生的。你只是不巧碰到了这件事情，任何人都可能会碰到。可是，你会因此强迫自己的余生都要为性而痛苦吗？强奸你的人并无此意。你是受害者，可如果你评判自己，认定自己有罪，你会判自己多少年刑期，不让自己享受这世上最美妙的事情？有时，强奸会毁掉你往后一生的性生活。公平何在？你又不是强奸犯，为什么余生要为别人犯下的罪行而受苦？强奸不是你的错，但大脑中的"法官"却惩罚你，让你很多年都生活在羞愧之中。

这种不公平的事情当然会造成严重的伤痛，产生大量的情绪毒素，需要多年的治疗才能改善。事实是你的确被强奸了，但你不需要再受折磨，你可以做出选择。

把事实当作手术刀是治愈的第一步。就在此时此刻，你会发现让你感到痛苦的事情已经过去。你发现那些曾狠狠伤害过你的事情可能已经不再存在。它们曾经存在过，但现在已经消失。用事实割开伤口，你会换一个角度看待自己受到的不公。

真相是相对的，它不停地在改变，因为生活就是一场幻觉。世事变幻，时真时假。生活在地狱之中，真相也会变成一种概念，成为另一个谎言，用来对付我们。人类的否认机制非常强大，也非常复杂，因此凡事总是半真半假。就像在剥一颗洋葱，你最终会一点点地揭露真相。睁开双眼，你会发现周围的所有人，包括自己，一直都在撒谎。

在这个幻觉的世界里，几乎一切都是谎言。所以，我要求自己的学员在分辨真相时要遵循三条原则。第一条原则是：不要相信我。你不必相信我，但要思考，并且做出选择。对于我的话，只有当你觉得合理、受到鼓舞时，才可以相信。如果我的话能够对你有所启迪，那你可以选择相信我。我为自己的话负责，却不能为你的理解负责。我们生活在完全不同的梦境。我所说的，即使对我来说千真万确，但对你来说却不一定是真实的。第一条原则很简单：不要相信我。

第二条原则要难一些：不要相信自己。不要相信你用来欺骗自己的谎言，这些谎言不是你自己要相信的，而是有人灌输给你的。当你说自己不够好、不够强壮、不够聪明时，不要相信自己。不要相信那些局限和限制你的东西。不要相信你不值得幸福，不值得被爱。不要相信你不够美丽，不要相信那些让你痛苦的东西。不要相信自己内心的冲突，不要相信大脑中的"法官"和"受害者"。当内心说你笨、不如毁掉自己时，不要相信它，因为那不是事实。敞开心扉，洗耳恭听。如果内心在指引你找到幸福，那就相信它，并且坚持到底。但如果这些话是从你的嘴里说出来的，不要相信，因为你所相信的东西有百分之八十以上都是谎言，不是事实。要做到第二条原则不是很容易：不要相信自己。

第三条原则：不要相信别人。不要相信别人，不管怎样，他们一直都在撒谎。当你内心不再有伤痛、不需要为了得到认可而相信别人时，你会看得更清楚。真相将会一清二白。对错都是暂时的。世事变幻莫测，只要你足够清醒，就能看得一清二楚。不要相信别人，因为他们会利用你的愚钝来操纵你。如果有人说他来自外太空，想拯救世界，不要相信他。这不是什么好事。我们不需要有人拯救世界，不需要外星人来拯救我们。世界原本就有生命，它生生不息，它的智慧比所有人类加起来都要高明。如果你认为世界需要被拯救，就会有人跟你说："彗星来了，我们必须离开地球。自杀吧！你会到达彗星，到达天堂。"不要相信这类神话。你的天堂要由你来建造，没人能替代。只有常识才能指引你找到幸福，创造出自己的天地。第三条原则很难，尽管我们需要相信别人，但不要相信他们。

不要相信我，不要相信自己，也不要相信别人。不轻信，假象就会烟消云散，而真相将大白于天下。真相不需要理由，也不需要解释。真相不言而喻，谎言则需要证明。每个谎言都需要无数个谎言来掩盖。谎言建起的大厦，将在真相面前坍塌。不过，事情就是这样，你不必因为撒谎而感到自责。

只要我们不相信，大多数谎言都会土崩瓦解。凡是假象，都禁不起怀疑，而真相则颠扑不破。真相就是真相，不管你相不相信。身体由原子构成，你可以不承认这一点。但不管你相信与否，这都是事实。宇宙由恒星组成，不管你信不信，它都是事实。只有真相才会永存，包括你对自己的看法。

我曾说过，小时候我们无法选择自己的认知。但现在不一样了，我们已长大成人，有能力做出选择。我们可以选择相信，也可以选择不信。即使一件事情并非事实，但如果我们愿意，就可以相信它，因为我们想要如此。你可以选择如何度过自己的一生。对自己坦诚，永远都有机会重新选择。

真实地看待世界，揭露谎言，割开伤口。你会发现，伤口中还残留着毒素。

伤口一旦被打开，就需要清除残留的毒素。如何清理？两千年前的那位大师已经给出了答案，那就是宽恕。只有宽恕才能清理伤口。

宽恕伤害你的人,即使他们做了在你看来不可原谅的事情。宽恕他们,不是因为他们应该被宽恕,而是因为你不想再因为他们而感到痛苦。不管他们对你做了什么,都要宽恕,因为你不想总是感到不悦。宽恕是为了治愈你的心灵。宽恕,是因为你怜悯自己。宽恕就是自爱。

让我们以一个离婚的女人为例。假设你已经结婚十年,为了一件非常不合理的事情,你跟丈夫发生了很大的冲突。你们离婚了,你对前夫恨之入骨。只要听到他的名字,你就感到胃痛、恶心。这种情绪十分严重,让你无法承受,你需要帮助,于是,你找到了心理医生。你说:"我受够了,一肚子的愤怒、嫉妒和猜疑。他的所作所为我没法原谅,我恨他。"

心理医生看着你,对你说:"你需要释放情绪,表达你的愤怒。你应该发泄出来。找个枕头,撕咬它,捶打它,你的怒气就会得到释放。"你按照医生的指示,痛快地发泄了一番,你的情绪得到了释放。看来这个方法很有用。你付给心理医生一百美金,并对他说:"真是太感谢了,我感觉好多了。"你的脸上带着灿烂的笑容。

你走出诊所,恰好有人驾车路过,猜猜那是谁?是你的前夫。一看到他,你就怒火中烧,甚至比刚才还要愤怒。你不得不再次回到心理医生的诊所,支付一百美金,再发泄一次。这种方法绝非长久之计,只会暂时让你感觉良好,治标不治本。

治愈伤口的唯一途径就是宽恕。你要原谅前夫。当你再次看到一个人而无动于衷时,你就知道自己已经原谅了对方。听到那个人的名字,你的内心已不再起波澜。触摸自己的伤口，你不再感到痛苦，你真正做到了宽恕。当然，内心会留下伤疤，就像皮肤一样。你记得曾经发生的一切、自己的过往，但伤口一旦愈合，就不会再感到痛苦。

也许你会想："说起来容易。我不是没有试过原谅别人，但我做不到。"你有各种各样的理由来证明自己无法宽恕别人，但这不是真的。事实上，无法宽恕是因为你学会了不去宽恕，你没有宽恕过别人，你擅长记恨。

当我们还是孩子时，我们本能地就会宽恕。那时的我们没有精神疾病，宽恕别人对我们来说毫不费力，也非常自然。我们很快就会原谅别人。有两个孩子在玩耍，但玩着玩着就打了起来，他们向自己的妈妈告状："他打我！"一个妈妈去跟另一个妈妈理论，两个妈妈大吵一架。可是，五分钟后，两个孩子又像没事人一样玩在一起，而妈妈们却永远都无法释怀。

宽恕不需要学习，我们天生就懂得宽恕。那到底发生了什么？我们学会了不去宽恕，我们背道而驰，因此，宽恕变得不再容易。无论别人做过什么，忘记便好，对方会从我们的生活中消失。但我们却因为自尊而争执。为什么会这样？因为我们不再宽恕，我们以自我为中心。我们说："不管他做了什么，我都不会原谅。他的行为不可宽恕。"因为这样会显得我们更加重要。

真正的问题在于自尊心。由于自尊和面子，面对不公平的事情我们总是火上浇油，以此来提醒自己不要宽恕。谁会因此受苦，积累起越来越多的情绪毒素？是我们。我们会因为周围人的所作所为而痛苦，即使他们的行为与我们无关。

我们还学会让自己痛苦,只是为了惩罚伤害我们的人。我们就像小孩子一样,为了引起别人的注意大发脾气。我们伤害自己,就为了说:"看看因为你我做了什么。"这听上去很可笑,但事实却的确如此。我们很想说:"上帝啊,原谅我吧。"可除非上帝走到我们面前请求我们的原谅,否则我们一个字都不会说。有很多次,我们甚至都不知道为什么会对自己的父母、朋友和伴侣生气。当我们感到生气时,如果对方请求我们的原谅,我们马上就会哭着说:"不,请你原谅我。"

找到内心大发脾气的那个小孩。把你的自尊扔到垃圾堆,你并不需要它。忘记以自我为中心,请求宽恕。宽恕别人,生命就会发生奇迹。

首先，列出所有你应该请求对方原谅的人，然后请求他们的宽恕。即使没有时间挨个打电话，也要在祈祷和做梦时请求他们的宽恕。其次，列出所有伤害过你、需要你去宽恕的人。从你的父母开始，然后是你的兄弟姐妹、孩子、爱人、朋友、宠物、政府和上帝。

现在，你要宽恕其他人，因为你知道他们对你做的事情与你无关。每个人都活在自己的梦中，记得吗？那些伤害你的言行，不过是他们在面对内心的恶魔时做出的反应。他陷入了地狱般的梦境，你只是这个梦境中的配角。人们做的任何事情都与你无关。一旦有了这样的意识，你就不会再把事情都归咎于自己。愉悦和理解将带你走向宽恕。

开始宽恕，练习宽恕。起初，你会感到并不容易，但最后会变成一种习惯。恢复宽恕的本能,唯一的办法就是练习。你要不断地练习,直到最终你能宽恕自己。到了人生的某个时刻,你会发现必须原谅你对自己造成的伤害和制造的情绪毒素。一旦能够宽恕自我,你就会开始接纳自我,对自己的爱也会随之增长。宽恕的最高境界,就是最终宽恕自己。

创建一个权力法案,宽恕自己一生的所作所为。如果你相信前世,那么也要宽恕前世的所作所为。因果报应之所以存在,是因为我们相信它存在。由于头脑中存在着好坏之分,做坏事让我们感到羞耻。我们认定自己有罪,应该受到惩罚,于是,我们惩罚自我。我们认为自己所创造的东西非常肮脏,需要清洁。正因为我们有这样的想法,于是,"你的旨意将得以实现",这些想法变成了真的。种下什么样的因,就只能收获什么样的果。你的力量就是如此强大。要打破旧的因果关系并不难。只要你拒绝相信，它就会消失。不需要你痛苦，也不需要付出任何代价，它就会结束。如果你能够原谅自己，因果报应就不再有效。从此，一切都会焕然一新。生活会变得轻松，因为宽恕是清除内心伤痛的唯一方法，只有宽恕才能将其治愈。

一旦清理了伤口，你就可以用一剂强效药加快治疗过程。当然，这剂良药同样来自两千年前的那位大师，那就是爱。爱是加快疗程的良药。别无他法，唯有无条件的爱。不要有条件的我爱你，或者爱我自己，没有"如果"。没有理由，也无须解释，那就是爱。爱自己，爱邻居，爱自己的敌人。这是非常简单的常识，但只有爱我们自己,我们才能爱他人。因此,首先要做到自爱。

表达快乐的方式有成千上万种,但只有一种方式是真正的快乐,那就是去爱。除此以外,别无他路。不爱自己,你就不会快乐,这是事实。不爱自己,便没有快乐的机会,因为你无法分享自己没有的东西。不爱自己,也就无法爱别人。可你仍然需要爱,如果有人也需要你,人们就会称之为爱,可那并不是爱。那是占有、自私和控制,没有尊重。不要自我欺骗,那不是爱。

唯一能让你感到快乐的就是来自内心的爱。无条件地爱自己,把爱完全交予自己。你将不再排斥生命,排斥自己。你不再感到自责和愧疚。你接纳了真实的自我和他人。你有权去爱、去笑、去快乐、去分享爱,同时也不害怕接受别人的爱。

这就是治愈。治愈的三个要点：真相、宽恕和自爱。做到这三点，整个世界都将被治愈，不再是一座精神病院。

治愈精神的三个要点来自耶稣，但他不是唯一教导我们如何治愈自己的人。佛祖、克里希纳神都做了同样的事情。很多大师都得出了同样的结论，给了后人同样的教诲。整个世界，从日本到墨西哥，到秘鲁、埃及和希腊，被治愈的人比比皆是。大师们看到了人类头脑中的问题，采用了这三个方法：真相、宽恕和自爱。如果我们把自己的精神状态视为一种疾病，我们就会找到疗法。我们不必再痛苦。只要意识到自己的大脑生了病，情绪体受了伤，我们就能痊愈。

如果所有人都开始真实地面对自己、宽恕每个人、爱每个人，如果所有人都用这样的方式去爱，他们就不再自私。他们将坦诚地付出和接纳，不再评判彼此。世间不会再有流言蜚语，情绪毒素将被轻而易举地消除。

这里，我们谈论的是一个完全不同的世界，不同于地球，那里正是耶稣所说的"人间天堂"，佛祖所说的"极乐世界"，以及摩西所说的"乐土"。在那里，所有的人都可以生活在爱中，因为我们关注爱、选择了爱。

不管你如何称呼这个新的梦境，它都和地狱之梦一样真实，或者一样虚假。但你可以选择自己要生活在哪种梦境之中。现在，你的手中有了治愈自己的工具，问题是你打算如何利用它们？

第十二章

内心的奇迹:获得真爱

思想是你用来自娱自乐的，身体是供你享乐的玩具。你来到世间就是为了玩耍和享乐。我们生来就有快乐和享受生活的权利。我们不是来受苦的。想受苦的人且随其便，但我们不必非得受苦。

那为什么我们还会痛苦？全世界的人都在受苦，因此受苦被视为正常。我们还建立了一套认知体系来支持这一"真理"。信念告诉我们，人来到世间就是为了受苦，人生就是苦海。现世的痛苦和耐心将换来死后的回报。听上去不错，但这不是真的。

我们之所以选择痛苦，是因为我们学会了受苦。

如果我们总是做出相同的选择，痛苦就会持续。现世梦境讲述了人类的故事、人类的进化，而痛苦就是人类进化的结果。人之所以会痛苦是因为我们了解自己的信念、了解所有的谎言，我们因为无法实现所有的谎言而痛苦。

人死后会下地狱或者进入天堂，这不是真的。你可能活在地狱，也可能活在天堂，但说的就是今生。天堂和地狱只存在于心灵层面。活着的时候痛苦，死后也一样痛苦，因为思想不会随着大脑死亡，如果我们活在地狱般的梦境中，那噩梦还会继续。大脑虽然已经死亡，但我们仍然被困在原来的噩梦之中。死亡与睡着的区别就在于睡着了人还能醒来，因为大脑还活着。而如果死去，我们就永远不会再醒来，因为大脑已经死亡，可梦还会继续。

天堂或者地狱，就存在于此时此地，不需要等到人死后才会出现。为自己的人生和行为负责，未来就会掌握在你手中，你就可以在有生之年活在天堂之中。

显然，大多数人的梦都是噩梦。这无所谓好坏对错，也无须指责。我们能责怪自己的父母吗？不能，他们尽了最大的努力来教育我们。他们的父母也尽了最大的努力教育他们。如果你有孩子，你也会做同样的事情。你能责怪自己吗？清醒并不意味着要去责怪谁，或者为自己的所作所为感到内疚。我们怎么能因为患有传染性很强的精神疾病而内疚呢？

你要知道，凡是存在的都是完美的。你本身就是完美的。这是事实，你就是大师。即使你经常生气和嫉妒，你的怒火和嫉妒也是完美的。即使你的生活中充满了冲突，那也是完美的。看《乱世佳人》这样的电影，你会为里面的戏剧冲突而大哭一场。谁说地狱并不美好，地狱也可以激励人。哪怕是地狱，也是完美的，因为只有完美的才能存在。即使生活陷入了噩梦之中，你本身仍然是完美的。

让我们自觉不够完美的正是我们的认知。认知不过是对外部梦境的描述。外部梦境是假的，所以我们的认知也是假的。不管认知来自何处，只有从某个感知的角度来看它才是真实的。一旦感知发生了变化，它也就不再真实。通过认知我们无法找到自己。

我们追求的最终目标是找到自己、做自己、过自己的生活，而不是受"寄生虫"支配的生活，也不是被设定好的生活。引导我们找到自己的不是认知，而是智慧。两者必须加以区别，因为它们截然不同。认知主要用于人们之间的互相交流，就彼此的感知达成一致。知识是人们交流的唯一工具，因为人类很难进行心与心的交流。重点在于我们如何使用我们的知识，因为一旦成为知识的奴隶，我们就不再自由。

智慧与认知无关，而与自由有关。拥有智慧意味着你可以自由地使用自己的头脑、支配自己的生活。健康的头脑不受"寄生虫"控制，像被驯化前一样自由。当你的头脑被治愈，当你打破了外部梦境的束缚，尽管你已不再纯真，却获得了智慧。在很多方面，你都变得像个孩子一样，你们之间一个很大的差别，就在于孩子是纯真的，因此容易落入痛苦和不幸之中。超脱于外部梦境的人是聪慧的，再也不会堕落，因为他已经对外部梦境有所了解。

实际上并非积累知识才能变得聪慧，任何人都能拥有智慧，无一例外。拥有智慧，生活就会变得轻松，因为你回归了真实的自我。伪装成其他样子，并努力让别人和自己信服并不轻松。试图掩饰自己会耗尽你所有的能量，而做真实的自己则无须费力。

一旦获得智慧，你就不必再伪装，假装成其他的样子，你将接纳真实的自我。一个人能够完全接纳自我，就能完全接纳他人。你不会再试图改变别人，或者把自己的观点凌驾于他人之上。你会尊重别人的信念，接纳自己的身体、人性，以及所有的本能。人具有动物的本能，这并没有错。人类也是动物，而动物会遵循自己的本能。作为人类，我们具有很高的灵性，学会了压抑自己的本能，因此不再倾听内心的声音。我们背离自己的身体，压抑身体的需要，甚至否认其存在。这并不明智。

一旦获得智慧，你就会尊重自己的身体、头脑和灵魂。当你变得明智，生活就不再受头脑支配，而由内心掌控。你不再阻碍自己获得幸福和爱，也不再背负所有的内疚。你不会再评判自己和他人。从这一刻起，所有让你感到不幸福、迫使你痛苦的信念都会荡然无存。

放弃想要伪装的念头，做真正的自己。向自己的本性、向真实的自己屈服，你就不会再痛苦。向真正的自我屈服，就是向生命和上帝屈服。这样，生活中就不会再有挣扎、对抗和痛苦。

作为一个拥有智慧的人，你永远都会选择一条简单的路，那就是做自己，不管你是谁。痛苦是与上帝的对抗。你越是抵抗，就会越痛苦，道理就是这么简单。

假设有一天，你从外部梦境中醒来，完全康复。你不再有伤痛，也不再有情绪毒素。想象一下你将体会到何种自由。无论到哪里，只要活着，你就感到快乐。为什么？因为健康的人勇于表达爱。你不害怕活着，也不怕去爱。想象一下，如果没有了伤痛，情绪体也不再有毒素，你会如何度过自己的人生、如何对待亲近的人。

世界各地的神秘学院把这种状态称为觉醒，仿佛你某天醒来，就不再有伤痛。当情绪体没有了伤口，界限就会消失，你将看到事物的真相，不再局限于自己的认知。

当你睁开双眼，不再有伤痛，你就会成为一个怀疑论者，这不是为了告诉别人你有多聪明，以此来证明你的重要性，也不是为了取笑那些仍然生活在谎言中的人，不是这样的。清醒后的你成为怀疑论者，是因为你清楚地看到了外部梦境并不真实。你睁开了双眼，清醒了过来，一切变得显而易见。

清醒后的你无法再回头，永远都不会再用以前的方式看待世界。你仍然活在梦中，这是无法避免的，因为大脑就是用来做梦的，但区别在于，你知道自己活在梦中。只要知道这一点，你就可以享受梦境，也可以为之痛苦，一切取决于你。

清醒有如在成千上万的人参加的宴会中，众人皆醉，而你独醒。你是这场宴会中唯一没醉的人，这就是清醒。事实上，大多数人都是透过自己的情感伤痛和情绪毒素来看待世界。他们没有意识到自己生活在噩梦之中。他们不知道自己处于梦中，就像鱼儿不知道自己生活在水中一样。

如果我们是清醒的，是众人皆醉时唯一清醒的人，我们就应当心怀怜悯，因为我们也曾醉生梦死。我们不应该妄加评判，即使是对身处地狱中的人，因为我们自己也曾经身处地狱。

清醒时，你的心就是精神、爱和生命的表达。清醒意味着你意识到自己就是生命。当你意识到自己就是生命的力量时，一切皆有可能。奇迹随时都会发生，因为奇迹由心灵创造。你的心与灵魂相通，当它发声，即使头脑尚有抵触，但你的内在将发生变化。你的心将打开另一颗心，真爱将随之变为可能。

✿

在印度流传着一个关于梵天的古老故事。起初，世界上除了梵天什么也没有，他感到非常无聊。他想玩游戏，却没有人跟他玩。于是，他创造了一个美丽的女神玛雅，只是为了好玩。创造出玛雅后，梵天就告诉了她创造她的理由。她说："好吧，我们来玩一个最好玩的游戏，不过你要按我说的做。"梵天同意了。他按照玛雅的要求，创造出宇宙、日月星辰和各种行星。接着，他在地球上创造出了动物、海洋和大气等万事万物。

玛雅说："你创造的这个幻觉世界是多么美妙！现在，我想让你创造一种非常聪明、具有意识的动物，能够欣赏你的这些创造。"最后，梵天创造了人类。在完成对人的创造后，他问玛雅何时开始游戏。

"现在就开始。"说着，玛雅就抓住了梵天，将他碎尸万段。她把梵天的碎块放进每个人体内，她说："游戏开始了！我要让你忘了自己是谁，你要找回自己！"玛雅创造出梦境，直到今天，梵天都在试图想起自己是谁。梵天就在你的体内，而玛雅则阻止你想起自己是谁。

当你从梦中醒来,就会再次成为梵天,恢复神性。如果体内的梵天说:"好吧,我醒来了,可我的其他部分怎么办?"你知道了玛雅的诡计,你可以把真相告诉即将苏醒的人们。两个人醒着要比一个人清醒有趣。如果有三个人醒过来,就更好了。自你而始,人们将开始改变,直到整个梦境、整个宴会中的人们都清醒过来。

❧

同样的教义来自印度、托尔特克人、基督徒和希腊人,来自世界各地,它们都源于同一个真相。它们告诉我们要恢复找到内心的神,彻底敞开心扉,获得智慧。如果所有的人都敞开心扉,找到内心的爱,你能想象世界会变成什么样吗?我们当然可以做到这一点,每个人都可以按照自己的方式获得智慧。不需要恪守任何强加给你的观念,而是要找到自我,用自己独特的方式表达自我。所以说,生活就是一门艺术。托尔特克的意思就是"精神的艺术家"。托尔特克人就是那些能够用心表达,无条件地去爱的人。

你的生命来自神的力量,也就是生命的力量。你就是这股生命的力量。但是,因为能够在精神层面思考,你遗忘了真正的自我。跟别人说"神就在这里,神负责一切,神会拯救我",这很容易。但事实上并非如此,神只会告诉你,告诉你内心的神:清醒过来,做出选择,勇敢地克服所有的恐惧,做出改变,你将不再害怕爱。人类最大的恐惧就是对爱的恐惧。为什么?因为在现世梦境中,破碎的心总会自艾自怜。

也许你会感到纳闷:"如果我们真的是生命、是神,那为什么我们自己却不知道呢?"那是我们的教育使然。我们被教导:"你是人类,你有诸多局限。"于是，我们用恐惧限制了自己的可能性。你怎样看待自己，就会成为怎样的人。人人都是法力高强的魔术师。你相信自己是什么样的人，就会成为那样的人，因为你就是生命、就是神、就是意图所向。你的力量使你成为现在的样子。但控制这股力量的不是理性思维，而是信念。

你瞧，一切都与信念有关。我们的信念决定了我们的存在，左右了我们的生活。信念被我们用来作茧自缚，以至于我们无法遁形，因为我们认定自己难以逃脱。这就是我们的处境。人类总是作茧自缚，画地为牢。我们说人类有什么样的可能性、有什么样的局限，然后，我们想的就会变成现实。

托尔特克人预言了新世界的开始和新人类的诞生。届时，人们将为自己的信念和生命负责。你将成为自己的领袖，不需要其他人传授神的旨意。你和神将直接面对面，不需要中间人。你一直在寻觅神的踪影，却发现他就在你的内心。从此，神就住在了你的心中。

知道了生命的力量就在你的体内，你就会接受自己的神性，而同时你又是谦卑的，因为你在别人身上看到了同样的神性。你会发现神是如此容易理解，因为万事万物皆为神的化身。身体终将死去，而精神也会消散，但你不会。你将永存，你已经用不同的化身存活了亿万年，因为你就是生命，而生命永不消逝。你存在于树、蝴蝶、空气、月亮和太阳之中。无论去哪儿，你都会发现自己早已在那里，等待着你的到来。

你的身体和心灵是一座庙，一座活生生的庙宇，神就居住在那里。神就是流动在你体内的生命。活着就是神存在于你体内的证明。你的生命就是证据。当然，你的心中还有情绪垃圾和毒素，但是神也在那里。

你无须做任何事就可以与神接触，获得启示，变得清醒。没有人可以把你带到神的面前。如果有人这么说，那他就是一个骗子，因为你已与神同在。你们同为一体，无论你想不想要、接纳与否，你无须费力便已与神同在。

剩下的事情就是享受生活，好好活着，治愈自己的情绪体，坦诚地分享内心的爱，从而创造自己的人生。

全世界都可以爱你，但你不会因此而感到幸福。让你幸福的是来自内心的爱，是可以对别人产生影响的爱，不是别人给你的爱。一边是你对所有人的爱，而另一边则可能是一棵树、一只狗，或者一片云。一边是你，另一边是你感知到的一切。一边是做梦者的你，而另一边就是你的梦。

你永远都有爱的自由。如果你选择开始一段关系，而你的伴侣也做出同样的选择，那将是上天给你的馈赠。当你们的关系被彻底扭转，你们就会爱自己，甚至完全不需要彼此的存在。你们将跟从自己的心愿，结合到一起，创造美好的生活。你们将创造天堂般的梦境。

你对恐惧和自我否定早已习惯，现在你要恢复自爱。你会因此变得强大、有力。凭借对自己的爱，你将把自己的梦由恐惧转变为爱，由痛苦转变为快乐。然后，你就会像太阳一样，散发出光芒，释放着爱，不需要任何条件。无条件地去爱，你就会既是人类，也是神，与流淌在你体内的生命之灵浑然一体，生命就会展现出精神之美。人生不过是场梦，用爱创造人生，你的梦就会变成一件出色的艺术品。

心灵祈祷

请闭上眼睛，敞开心扉，感受发自内心的爱意。

我们将携手祷告，与造物主建立特殊的联系。

把注意力集中在肺部，仿佛只有它存在。深切感受肺部扩展，感受满足人体最大需求时的愉悦——呼吸。

深吸一口气，感受肺部充满空气。这时，空气不再是空气，而是爱。空气与你的肺部建立的关系，便是爱的关系。尽可能吸气，直到你的身体感到必须排出空气。然后再次呼吸，感受这种愉悦。因为当我们满足了身体的需要，我们就会感到满足。只是简简单单的呼吸，我们就能收获满足。只是简简单单的呼吸，就能让我们保持长久的幸福，享受生活。用心体验活在世上的满足，被爱意包裹的满足……

觉醒的祈祷

我们的造物主啊，今天请打开我们的心扉，让我们睁开双眼，欣赏您的一切造物，与您一同生活在永恒的爱中。请教会我们从眼睛看到的、耳朵听到的、心体会到的，所有感官感受到的每件事物中看到您的身影。请让我们用爱的眼睛观察世界，无论在哪里，我们都能在您创造的每件事物中看到您的存在。让我们在每个细胞、每种情绪、每个梦、每朵花，以及遇见的每个人身上看到您。让我们意识到这个真相。

请让我们意识到自己有能力创造天堂般的梦境，一切皆有可能。教会我们用想象指引自己的人生，掌控我们用于创造的魔力。我们将不再恐惧、愤怒和嫉妒。请赐给我们一束光，指引我们，让我们在今天找到爱和幸福。就在今天，让一些不同凡响的事情发生，彻底改变我们的人生。让我们所做和所说的一切永远都以爱为基础，成为内心对美的表达。

请教会我们成为您，用您的方式去爱、去分享，去创造美与爱的杰作，就如同您的一切创造都是美与爱的杰作一样。今天，请教会我们提高自己爱的能力，并让这种能力与日俱增，我们就能把自己的人生变成一件杰出的艺术品。造物主啊，就在今天，我们向您致以万分的感激和全部的爱，因为您赐给了我们生命。

自爱的祈祷

我们的造物主啊,今天我们请求您教会我们接受自己本来的面目,不带任何评判。教会我们接受自己原本的心灵,不带任何情绪、希望、梦想、个性和自我的不同之处。教会我们接受自己的身体,以及它原有的美丽和完美。让我们的自爱变得强大,不再否定自我,阻碍自己得到幸福、自由和爱。

从现在起,让我们的每个行动、反应、想法和情绪都建立在爱的基础之上。造物主啊,请教会我们变得更加自爱,直到我们的人生被彻底改变,恐惧和冲突变为爱和欢乐。让我们的自爱足够强大,可以打破灌输给我们的所有谎言,包括说我们不够好、不够强大、不够聪明、无法成功的谎言。让我们的自爱足够强大，我们将不会在意别人的观点。让我们完全信赖自己，做出需要做的选择。凭借自爱，我们将不再逃避人生的责任和遇到的问题，所有的问题都将迎刃而解。无论我们想成就什么，请让我们用自爱的力量达成自己的目的。

从今天开始，请教会我们爱自己，我们将不再设置任何不利于自己的障碍。我们将以本来的面目示人，再也无须为了得到别人的认可而伪装成其他人。我们不再需要别人的认可或者夸赞，因为我们知道自己是谁。请让我们学会自爱，能够在每次照镜子时都感到赏心悦目。让我们绽放出灿烂的笑容，使我们的身心变得更美。请教会我们感受到自爱的强大，从而能够安然自在。

让我们不带评判地爱自己，因为当我们评判时，我们会感到内疚和自责，要惩罚自己，不能像您一样通过爱的视角来看待事物。就在此刻，请增强我们宽恕自我的意志，剔除我们心灵中的毒素，刨除所有的评判，我们才能生活在平静和爱意中。

让我们的自爱变成扭转人生的力量。凭借这股新的力量、自爱的力量，我们将首先改善和自己的关系，然后改善与他人的关系。请教会我们不再与他人发生冲突，让我们在与所爱之人相处时感到幸福，能够释然地面对任何不公。教会我们学会自爱，让我们能够宽恕所有伤害过我们的人。

请赐给我们勇气，让我们无条件地去爱家人和朋友，让我们用最积极和友爱的方式改善自己和他人的关系。帮助我们在关系中建立新的沟通渠道，使我们之间不再有争执，也不再有输赢。让我们为了爱、欢乐和和谐紧紧地连接在一起。

让我们把与家人和朋友的关系建立在尊重和快乐之上，这样我们就不会再指点他们该如何思考、如何行事。让我们拥有最美好的爱情关系，让我们与伴侣在一起的每时每刻都感到快乐。请教会我们接受他们本来的面目，不带任何评判，因为拒绝他人就是在拒绝自己，进而拒绝了您。

今天是一个新的开始。请教会我们用自爱在今天开启新的人生。教会我们享受人生以及和他人的关系，让我们去开拓人生、去冒险、去活着，不再活在恐惧之中。让我们敞开心扉去爱，那是我们与生俱来的权利。请教会我们成为感激、慷慨和爱的大师，这样，我们就可以永远欣赏您的一切造物。

作者简介

堂·米格尔·路易兹（Don Miguel Ruiz）是一位著名的精神导师，也是"托尔特克智慧系列"畅销书作者，包括《通往心灵自由之路》(*The Four Agreements*)、《知识之声》(*The Voice of Knowledge*)、《四项约定指南书》(*The Four Agreements Companion Book*)、《火圈》(*The Circle of Fire*)、《第五项约定》(*The Fifth Agreement*)，以及本书。这一系列图书已售出1500多万册，并在全球以52种语言出版，在《纽约时报》的畅销书榜上盘踞了十几年。

他出生在墨西哥农村，是家里13个孩子中最小的一个，父母都是古代托尔特克传统的疗愈师和实践者。年轻时，他从墨西哥城的医学院毕业，在蒂华纳和哥哥一起做神经外科手术医生。然而，一场近乎致命的车祸永远地改变了他的生活方向，导致他离开了医学，并审视了关于生命和人性的基本真相。在他母亲的帮助下，他接受家族的教诲，发现了自己的意识觉醒之路，这演变成了对物理宇宙和心灵世界的深刻理解。

结合托尔特克神话和科学观点，他已经能够将古代智慧与现代科学常识结合起来，为寻求真理和个人真实性打造了一种新的哲学。该系列书作为他具有里程碑意义的畅销书，指出了个人转变的长期有效步骤，并已被全世界数百万人阅读。

其中，《通往心灵自由之路》原版于1997年首次出版，并得到了美国前总统克林顿、主持人奥普拉·温弗瑞、小甜甜布兰妮、音乐天后麦当娜、嘻哈歌手大肖恩、知名演员李美琪（Maggie Q）等人的推荐。他带给世界的智慧为他赢得了全世界的尊重。他一生都致力于通过实践分享他的感悟，以促进转变，并最终让人们的生活变得更好。他是墨西哥美国文化研究所颁发的文化和社会教育荣誉学位的获得者，在他的祖国被称为"国宝"。

堂·米格尔·路易兹现住在美国内华达州。

评论推荐

作者提炼了托尔特克的基本智慧,
以清晰和无可挑剔的表达阐述了这对生活在现代世界的
"和平战士"意味着什么。
——《深夜加油站遇见苏格拉底》作者丹·米尔曼
(Dan Millman)

你必须爱自己才能完全爱别人,
你必须在一段关系中与人平等,
而不是依赖他们。
这对朋友、家人和你遇到的任何人都是一样的。
——美国亚马逊读者安吉·戈利什(Angie Golish)

作者将托尔特克的世界观提升到所有（任何）文化中
最伟大的神圣真理的水平，
并以一种引人入胜的、以经验为基础的、朴实的文风来表达，
使其对话结构更有影响力。
——美国亚马逊读者 stevnP

不到两天就读完了！
我的关系经历了一些麻烦，
所以决定读读这本书，
我很高兴我这样做了。
从一个不同的角度来看，
这是我在内心深处所知道的一切。
——美国亚马逊读者泰勒（Taylor）

这是一本很棒的书。

如果每个人都能按这本书中所描述的去做，

那将是一个不同的世界。

天堂就在人间。

——美国亚马逊读者 LN

我喜欢这本书的实用性，

尽管它写于 30 年前，

但感觉仍然很贴近当下。

这本书帮我回顾了我的人生旅程，

人们对我非常不友好的时刻，

特别是在工作中，

还有以前的伴侣对我进行身体和性虐待的时刻。

这本书让我意识到曾经自我消化的负面能量。

读完这本书后，我太自由了——我宣布完全自由，

因为我爱自己，

我理解自爱和对自己的爱。

——美国亚马逊读者佚名